スパイスを楽しむ
ケーキとお菓子

村山由紀子

山と溪谷社

カレーやエスニック料理には欠かせないスパイス、
私は普段の料理にたくさん取り入れています。
スパイスをお菓子に使うと、
思った以上に香り高く、個性あふれる味や食感に仕上がります。

日本にもニッキを使った人気菓子「八ッ橋」や、
しょうが糖をつけたしょうがせんべいなど
スパイスを使ったお菓子がいろいろあります。
ニッキはクスノキ科の常緑樹の木の根から作られたもので、
樹皮から作られたのがシナモン。
ジンジャーはしょうが、または乾燥させたしょうがの粉末のことです。

おなじみの西洋菓子なら、
アップルパイに欠かせないシナモンと
シンジャークッキーの主役、ジンジャーがすぐに思い浮かびます。

印象的、個性的な味わいなのに、どちらかというと
裏方役になりがちなスパイスの良さをたくさんの方に知ってほしい
という想いがこの本を作るきっかけになりました。

お菓子を食べたときにふわっと口の中に広がるスパイスの香り。
強すぎず、バターや小麦粉など素材の風味を
かき消さないくらいの使い方が私は好きです。

本書ではスパイスの量を好みで調整できるように、
記載の分量に幅を持たせた新しいレシピもあります。
最初は基本の分量で作ってみてください。
そこから増やしたり、減らしたりして、
好みの味を見つけるのも楽しいと思います。

本書を通じてスパイスのお菓子作りを楽しんだり、
新しい香りに出合うきっかけになれれば幸いです。

村山由紀子

Contents

○ 材料のスパイスの分量にカッコ書きで幅がある
　場合は、記載の分量内で調整可能です（最初は
　基本の分量で作ることをおすすめします）。

○ バターは食塩不使用のものを使用しています。

○ 型は底が抜けるタイプには（底抜け）、抜けない
　タイプには（底あり）と明記しています。特に
　記載がなければ、どちらのタイプの型を使用し
　ても大丈夫です。

○ オーブンは家庭用の電気オーブンを使用してい
　ます。機種や性能によって多少異なるので、様
　子をみて焼き時間や温度を調整してください。

スパイス香る
お菓子の世界へ
ようこそ！

Part 1
クッキー＆
スコーン

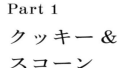

Part 2
ケーキ

Part 3
タルト＆パイ

スパイスお菓子の代表、キャロットケーキやシュトーレンのほかにも、
ロールケーキやベイクドチーズケーキ、マドレーヌなど
人気のスイーツにスパイスを忍ばせると驚くほどおいしくなります。
スパイシーなドリンクにジャム&スプレッド、
意外なマッチングにハマる和のおやつetc.
気がつけば、絶妙なスパイス使いの虜になる
48種のスイーツレシピをご紹介します。

スパイスの扱い方

スパイスにはいろいろな形状のものがあり、ホールやシード、パウダーで販売されています。ホールとシードは、使い方に合わせて砕いたり、刻んだりすることができます。ここではそのやり方をご紹介します。パウダーは市販のものを使います。

そのまま使う

サイズが大きいスパイスは、じわじわと香りを引き出します。サイズが小さいものは、口の中で砕けたときにいっそう香りが広がります。

砕く・ひく・刻む

そのまま使うよりも香りを強く引き出すことができます。乳鉢で砕いてすりつぶしたり⒜、ミルでひいたり⒝、包丁で刻んだり⒞、袋に入れてめん棒でたたいて砕く⒟方法があります。

保存法

香りを損ねないよう注意。スパイス単品とミックススパイスの保存法を紹介します。

・スパイス単品
清潔な密閉容器に入れ、乾燥剤を入れて冷暗所で保存する (写真右)。

・ミックススパイス
きっちりふたが閉まる清潔な瓶に入れて冷暗所で保存し、なるべく早く使いきる (写真左)。

お菓子作りに役立つ
ミックススパイス2種

スパイスは2種類以上を混ぜるとそれぞれの角(クセ)がとれて、香りに奥行きと調和が生まれます。ここでご紹介する2種のミックススパイスは私のオリジナルで、右のQRコードの通販サイトで購入することもできます。ご自身で配合する場合は、以下をご参照ください。

ミックススパイス
ＡＢの通販はこちら

ミックススパイス Ａ

シナモンをメインに、ジンジャーの爽やかさ、ナツメグやクローブの甘みを感じる香りをプラスしました。だれでも好き嫌いなく、お菓子作りに活用できるバランスのいいブレンド。乳製品や焼き菓子と相性がいいミックススパイスです。

材料と作り方　作りやすい分量

シナモン(パウダー) … 30g
ジンジャー(パウダー) … 5g
ナツメグ(パウダー) … 5g
クローブ(パウダー) … 1g

清潔な保存瓶にすべての材料を合わせる(p.8「保存法」参照)。

本書で使ったお菓子

ミックスベリーのクランブルタルト(p.14)
キャロットケーキ(p.16)
アーモンドバタースプレッド(p.42)
シュトーレン(p.74)
スパイス香るアップルパイ(p.84)

ミックススパイス Ｂ

ジンジャーにカルダモンの個性的で軽やかな香りをプラスし、シナモンとナツメグの温かみのある香りで調和をとりました。ミックススパイスＡより爽やかさをより強く感じます。レモンやフルーツ、ヨーグルトなど酸味のある食材と好相性です。

材料と作り方　作りやすい分量

ジンジャー(パウダー) … 20g
シナモン(パウダー) … 10g
ナツメグ(パウダー) … 5g
カルダモン(パウダー) … 5g

清潔な保存瓶にすべての材料を合わせる(p.8「保存法」参照)。

本書で使ったお菓子

パンデピス(p.18)
レーズンとクルミのパウンドケーキ(p.46)
ココアクランブルのコーヒーケーキ(p.54)

スパイス一覧

本書で使ったスパイスをご紹介します。1つのスパイスでも用途に合わせてホールやシード、パウダーなど使い分けています。なお、シナモンは一般にシナモンスティックとして売られている棒状のものでなく、樹皮のままで加工していないものを私は使っていますが、入手しやすいシナモンスティックを使っていただいて大丈夫です。

アジョワン（シード）
Ajowan

オールスパイス（ホール・パウダー）
Allspice

アニス（シード）
Anise

黒こしょう（ホール）
Black pepper

キャラウェイ（シード）
Caraway

ローリエ
Laurel

カルダモン（ホール・パウダー）
Cardamon

ブルーポピー（シード）
Blue Poppy

カイエンペッパー（パウダー）
Cayenne pepper

クローブ（ホール・パウダー）
Clove

シナモン（スティック〈あれば樹皮〉・パウダー）
Cinnamon

コリアンダー（ホール・パウダー）
Coriander

クミン（シード）
Cumin

ジンジャー（パウダー）
Ginger

山椒（パウダー）
Japanese pepper

フェンネル（シード）
Fennel

ナツメグ（パウダー）
Nutmeg

バニラビーンズ
Vanilla Beans

八角（ホール）
Star anis

ホアジャオ
花椒（ホール・パウダー）
Sichuan pepper

スパイスには不思議な力があります。
お菓子や飲み物に使うと、
それぞれのスパイスが織りなす独特の風味が口の中に広がって、
驚きや感動の連続です。

1つひとつのスパイスはもちろん、
何種類か組み合わせて使っても心を満たしてくれる味わいが広がるから不思議。

お菓子や飲み物に魔法をかけてくれるスパイスたち。
まずはミックスベリーのクランブルタルト、キャロットケーキ、
パンデピス、ミルクチャイ、ホットワインの並ぶテーブルで、
スパイスのあふれんばかりの風味を堪能しましょう。

きっとスパイスの奥深い味わいに魅了されるはず。
さぁ、次はどのお菓子を作ろうかな？

キャロットケーキ
⇨ Recipe_p.16

ミックスベリーの
クランブルタルト
⇨ Recipe_p.14

チャイ2種
〈ミルクチャイ〉
⇨ Recipe_p.20

スパイス香る
お菓子の世界へ
ようこそ！

パンデピス
⇨ Recipe_p.18

ホットワイン
⇨ Recipe_p.20

ミックスベリーの
クランブルタルト

甘酸っぱいベリーの果汁が口の中でじゅわ〜。
ベリーとアーモンドクリームが相まって甘さ抑えめ。
スパイス感たっぷりのタルトです。

材料　直径18cmのタルト型1台分

〈タルト生地〉

A
- バター … 85g
- 粉糖 … 15g
- きび砂糖 … 15g
- 塩 … 1g

溶き卵 … 25g

薄力粉 … 120g

アーモンドプードル … 30g

〈アーモンドクリーム〉

バター … 50g

きび砂糖 … 50g

バニラビーンズ … 1/4本

溶き卵 … 50g

アーモンドプードル … 50g

キルシュ … 10g

〈クランブル生地〉

薄力粉 … 50g

グラニュー糖 … 35g

ミックススパイスA (p.9参照)
　　… 3g (2〜5g)

バター … 35g

好みのベリー類 … 160g

＊冷凍でもOK。その場合は解凍しないで使用。こ
　こではブルーベリー60g、クランベリー（冷凍）
　50g、ラズベリー（冷凍）50gを使用。

準備

・タルト生地とアーモンドクリームのバタ
　ーはそれぞれ室温に戻す。

・クランブル生地のバターは5mm角に切っ
　て冷蔵庫で冷やす。

・バニラビーンズは縦に切り込みを入れ、
　包丁の背で種をこそげ取って器に入れ
　る。分量のきび砂糖を加え、さやに残っ
　た種にきび砂糖をすり込んでなじませ、
　指でこそげ取る（p.19❷参照／さやは取り除
　く）。

・オーブンは180℃に予熱する。

作り方

1. 〈タルト生地〉ボウルに**A**を入れて泡立て器で混ぜ、溶き卵を加えて混ぜる。薄力粉とアーモンドプードルを合わせてふるい入れ、カードで全体を切るようにして混ぜる。

2. 台の上にラップを広げ、**1**をひとまとめにしてのせ、ラップで包んで3時間以上冷蔵庫で休ませる。

＊ラップでしっかりと包んだ状態で、冷蔵庫で2日、冷凍庫で2週間保存可能。使うときは冷蔵庫で解凍する。

3. 冷蔵庫から取り出して台にのせ、手でこねて、のばしやすいかたさにする。

＊冷蔵庫から出したての生地はかたくてもろいので、こねて扱いやすくするが、こねすぎるとやわらかくなりすぎるので注意！

4. めん棒で直径22cmの円形にのばし、型に敷く。底面と側面に指でしっかりと生地を押しつけてくっつける**ⓐ**。型の縁に沿ってめん棒を転がして余分な生地を切り落とし、ラップをかけて冷蔵庫で30分休ませる。

5. 〈アーモンドクリーム〉ボウルにバター、準備したきび砂糖を入れて泡立て器で混ぜ、溶き卵を加えてさらに混ぜる。アーモンドプードルを加えて混ぜ、最後にキルシュを加えて混ぜる。

6. 〈クランブル生地〉ボウルに薄力粉、グラニュー糖、ミックススパイス**Ⓐ**を合わせてふるい入れ、バターを加える。バターを指でつぶしながら粉類とすり合わせ、手のひらで全体をこすり合わせてそぼろ状にする。

＊室温が高い夏場は、クランブルの材料を冷蔵庫で冷やしてから作るときれいなそぼろ状になる。

7. **4**を冷蔵庫から取り出し、**5**をのせて広げる。ベリー類を上に並べて**ⓑ6**を散らし**ⓒ**、180℃のオーブンで45分焼く。型ごと網にのせ、粗熱がとれたら型からはずす。

「バターを室温に戻す」とは
バターに指がスッと入る状態のこと。室温は季節によって異なるので、戻す時間も異なりますが、この状態になっていれば完了です。本書ではよく出てくるので覚えておきましょう。

キャロットケーキ

にんじんをたっぷり入れたオイルベースのヘルシーケーキ。
生地からスパイスが香り、クリームチーズと好相性です。

材料 直径18cmの丸型1台分

溶き卵 … 80g
きび砂糖 … 60g
にんじん … 180g
太白ごま油 … 120g

A
┌ 薄力粉 … 135g
│ ミックススパイス A (p.9参照)
│ … 5g(3〜6g)
│ ベーキングパウダー … 4g
│ 重曹 … 1g
└ 塩 … 1g

クルミ … 45g
ピーカンナッツ … 45g
レーズン … 70g
ラム酒 … 15g

〈フロスティング〉
クリームチーズ … 100g
粉糖 … 50g
バター … 50g

準備

・にんじんはすりおろす。

・クルミとピーカンナッツは170℃に予熱したオーブンで10〜12分ローストし、それぞれ粗みじん切りにする。

・耐熱容器にレーズンとラム酒を入れて混ぜ合わせ、ラップをふんわりかける。500Wの電子レンジで1分加熱し、ラップをしたまま粗熱をとる。

・フロスティングのバターと、型に塗るバター少々（分量外）はともに室温に戻す。

・型の底に直径に合わせて切り出したオーブンシートを敷く。側面は室温に戻したバター少々（分量外）を塗り@、長方形に切り出したシートを貼りつける。

・オーブンは180℃に予熱する。

作り方

1. ボウルに溶き卵ときび砂糖を入れて泡立て器で混ぜ、にんじんのすりおろしと太白ごま油を加えて混ぜる。

2. Aを合わせてふるい入れ、泡立て器で粉けがなくなるまで混ぜる。
   ＊混ぜすぎると粘りが出てしまうので注意！

3. クルミ、ピーカンナッツ、ラム酒と合わせたレーズンを汁ごと加え、ゴムべらで混ぜて型に流し入れ、180℃のオーブンで40分焼く。竹串を中心に刺し、何もついてこなければ焼き上がり。型ごと網にのせ、粗熱がとれたら型からはずす。
   ＊焼けていない場合は、様子を見ながら追加で10分焼く。
   ＊ラップでしっかりと包んで室温で2日ほど保存可能。

4. 〈フロスティング〉別のボウルにクリームチーズと粉糖を入れて泡立て器で混ぜ、バターを加えてよく混ぜる。

5. 3を器にのせ、スプーンで上面に4をのせて全体に塗り広げる。
   ＊フロスティングを塗ったら当日中に食べる。

@

パンデピス

パンデピスとは、フランス語でスパイスのパンという意味。パウンドケーキのようなパンで、2〜3日たつとしっとりとしてきます。トーストして食べるのもおすすめです。

材料 7×16.5×高さ6cmのパウンド型1台分

溶き卵 … 40g
きび砂糖 … 80g
バニラビーンズ … ½本
はちみつ … 100g
牛乳 … 100g

A
準強力粉(「リスドォル」使用) … 140g
ライ麦粉 … 40g
ベーキングパウダー … 2g
重曹 … 1g
ミックススパイス[B](p.9参照)
… 10g(8〜15g)

準備

・ バニラビーンズは縦に切り込みを入れ、包丁の背で種をこそげ取って器に入れる。分量のきび砂糖を加え、さやに残った種にきび砂糖をすり込んでなじませ、指でこそげ取る🅐(さやは取り除く)。

・ はちみつと牛乳は合わせ、40℃くらいに温める。

・ 型にオーブンシートを敷く🅑。

・ オーブンは180℃に予熱する。

作り方

1. ボウルに溶き卵を入れ、準備したきび砂糖を加えて泡立て器で混ぜる。

2. 温めたはちみつと牛乳を加えて泡立て器で混ぜ、Aを合わせてふるい入れ🅒、粉っぽさがなくなるまで混ぜる。
＊混ぜすぎると粘りが出てしまうので注意！

3. 型に流し入れ、180℃のオーブンで20分焼く。一度取り出して包丁で表面に縦に1本切り込みを入れる。

4. 170℃に温度を下げてさらに15分焼く。竹串を中心に刺し、何もついてこなければ焼き上がり🅓。型ごと網にのせ、粗熱がとれたら型からはずす。
＊焼けていない場合は、様子を見ながら追加で10分焼く。
＊ラップでしっかりと包んで室温で1週間ほど保存可能。2〜3日たつと生地がしっとりしてくる。

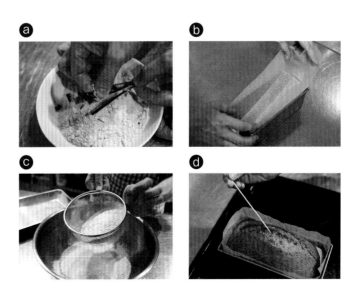

チャイ2種

飲んだ瞬間、次から次にスパイスの風味が広がってクセになりそう。
きび砂糖の量はお好みで。きび砂糖をはちみつにしたり、ラム酒を加えるのもおすすめです。

材料といれ方　各1人分

〈ミルクチャイ〉
小鍋にチャイミックス(下記参照)10gと水80gを入れ、弱火にかける。フツフツしてきたら牛乳250gを加え、再び沸いたら火を止める。きび砂糖10gを加えてスプーンで混ぜ、茶こしでこしてカップに注ぐ。

〈ストレートチャイ〉
ティーポットに、チャイミックス(下記参照)5gに対して熱湯300gを注ぎ入れ、5分蒸らす。茶こしでこしてカップに注ぐ。

チャイミックスの材料と作り方　約100g分

カルダモン(ホール) … 5g
シナモン(スティック) … 1本(5g)
ローリエ … 2g(12枚前後)
アニス(シード) … 6g
ジンジャー(パウダー) … 3g
クローブ(ホール) … 5g
セイロン茶葉 … 50g
アールグレイ茶葉 … 25g

カルダモンは厚手のポリ袋に入れ、めん棒で粗めに砕く。シナモンは手で割ってカルダモンと同様に砕く。ローリエは手で5mm角くらいにちぎる。清潔な保存容器に残りの材料といっしょに合わせる。高温多湿を避け、室温で3カ月保存可能。

ホットワイン

パンチのあるワインはいかが？
いつものワインとはひと味違った味わいで、
体の芯から温まります。

材料　2～3人分

赤ワイン … 200g
オレンジジュース … 100g
クローブ(ホール) … 4粒
シナモン(スティック) … 1本(5g)
ローリエ … 1枚
きび砂糖 … 10g

作り方

小鍋にきび砂糖以外の材料を入れ、弱火にかける。沸騰したら火を止めてきび砂糖を加え、スプーンで混ぜてカップに注ぐ。

Part 1　クッキー＆スコーン

サクサクやサクホロッの食感が楽しいクッキーやスコーンですが、口に入れた途端にスパイスの香りが広がって目を丸くするはず。見た目からは想像ができない味わいをお楽しみください。

Cookie & Scone

オールスパイスサブレ
⇒ Recipe_p.25

2781 2770

ジンジャーサブレ
← Recipe_p.24

サブレ2種

絞り出しクッキー2種

レモン＆カルダモンクッキー
⇨ Recipe_p.26

アールグレイ＆ホワイトチョコクッキー
⇨ Recipe_p.27

ジンジャーサブレ

サクサク食感が楽しい。
ジンジャーの香りがあとを引きます。

材料　4cm角のサブレ約35枚分

```
　┌ 薄力粉 … 90g
　│ アーモンドプードル … 45g
Ａ │ きび砂糖 … 40g
　│ 塩 … 1g
　└ ジンジャー(パウダー) … 4g(3〜6g)
バター … 80g
卵白 … 8g
```

準備

・バターは1cm角に切って冷蔵庫で冷やす。

・卵白は溶きほぐす。

・天板にシルパン (またはオーブンシート) を
　敷く。

・オーブンは170℃に予熱する。

作り方

1. ボウルに**A**を合わせてふるい入れる。バターを加え、指でつぶしながら粉類とすり合わせる**ⓐ**。手のひらで全体をこすり合わせ、サラサラした状態にする。
   ＊夏場はフードプロセッサーを使うほうがバターが溶けにくく、サクサクと香り高く仕上がる。

2. 卵白を加え、カードで全体を切るようにして混ぜ、ひとまとまりにする。

3. オーブンシート(長さ約40cm)を台に広げ、**2**をのせてラップをかぶせ、両サイドに3mmのルーラーをおいてめん棒でのばす**ⓑ**。シートごと天板(またはまな板)に移し、冷蔵庫で1時間休ませる。
   ＊この状態で1日冷蔵保存可能。ほかの食材の匂い移りや乾燥を防ぐため、ラップでしっかり包んで保存する。
   ＊作業台(または天板やまな板)が小さい場合は、**2**を2等分にして1つずつのばすと作業しやすい。

4. **3**を冷蔵庫から取り出し、上面のラップをはずして抜き型で抜き、天板に並べる。

5. 170℃のオーブンで12〜15分焼く。天板ごと網にのせて冷ます。

オールスパイスサブレ

ほろほろと口の中でくずれると同時に、
ふわっとスパイスが香ります。

材料 <small>直径4.5cmのサブレ約40枚分</small>

A
- 薄力粉 … 90g
- アーモンドプードル … 45g
- きび砂糖 … 40g
- 塩 … 1g
- オールスパイス(パウダー)
  … 2g(1〜4g)

バター … 80g
卵白 … 8g

準備

- バターは1cm角に切って冷蔵庫で冷やす。
- 卵白は溶きほぐす。
- 天板にシルパン(またはオーブンシート)を敷く。
- オーブンは170℃に予熱する。

作り方

1. ボウルに**A**を合わせてふるい入れる。バターを加え、指でつぶしながら粉類とすり合わせる(p.24 **ⓐ**参照)。手のひらで全体をこすり合わせ、サラサラした状態にする。

　＊夏場はフードプロセッサーを使うほうがバターが溶けにくく、サクサクと香り高く仕上がる。

2. 卵白を加え、カードで全体を切るようにして混ぜ、ひとまとまりにする。

3. オーブンシート(長さ約40cm)を台に広げ、**2**をのせてラップをかぶせ、両サイドに3mmのルーラーをおいてめん棒でのばす(p.24 **ⓑ**参照)。シートごと天板(またはまな板)に移し、冷蔵庫で1時間休ませる。

　＊この状態で1日冷蔵保存可能。ほかの食材の匂い移りや乾燥を防ぐため、ラップでしっかり包んで保存する。

　＊作業台(または天板やまな板)が小さい場合は、**2**を2等分にして1つずつのばすと作業しやすい。

4. **3**を冷蔵庫から取り出し、上面のラップをはずして抜き型で抜き、天板に並べる。

5. 170℃のオーブンで12〜15分焼く。天板ごと網にのせて冷ます。

レモン＆カルダモンクッキー

軽い食感と爽やかなレモンの風味。
さっぱりしているのでいくつでも食べられそう。

材料　4×3㎝大のクッキー約15枚分

バター … 100g
塩 … 1g
粉糖 … 50g
溶き卵 … 20g
レモン … ½個
カルダモン（パウダー）… 3g(2〜5g)
薄力粉 … 110g

準備

・バターは室温に戻す。
・レモンは皮の黄色い部分をすりおろす。
・絞り出し袋に8切り星形口金をセットする。
・天板にシルパン（またはオーブンシート）を敷く。
・オーブンは170℃に予熱する。

作り方

1. ボウルにバター、塩、粉糖を入れ、ゴムべらで混ぜ合わせる。

2. 溶き卵、レモンの皮のすりおろし、カルダモンを加え、泡立て器で混ぜる。

3. 薄力粉をふるい入れ、ゴムべらで混ぜて絞り出し袋に入れる。

4. 天板に4×3㎝大の波形に絞り出し、170℃のオーブンで15分焼く。天板ごと網にのせて冷ます。

アールグレイ＆ホワイトチョコクッキー

ジンジャーとシナモンの個性的な味を、
甘いホワイトチョコレートがまとめます。

材料 4×4cm大のクッキー約20枚分

バター … 100g

塩 … 1g

粉糖 … 50g

溶き卵 … 20g

アールグレイ茶葉 … 6g

A ┌ 薄力粉 … 110g
  │ シナモン(パウダー) … 1g(ひとつまみ～2g)
  └ ジンジャー(パウダー) … 3g(2～4g)

ホワイトチョコレート … 70g

準備

・ バターは室温に戻す。

・ アールグレイ茶葉はミルで細かく攪拌する。

・ 絞り出し袋に8切り星形口金をセットする(p.26 ⓐ参照)。

・ 天板にシルパン(またはオーブンシート)を敷く。

・ オーブンは170℃に予熱する。

作り方

1. ボウルにバター、塩、粉糖を入れ、ゴムべらで混ぜ合わせる。

2. 溶き卵とアールグレイ茶葉を加え、泡立て器で混ぜる。

3. Aを合わせてふるい入れ、ゴムべらで混ぜて絞り出し袋に入れる。

4. 天板に4×4cm大のU字形に絞り出しⓐ、170℃のオーブンで15～18分焼く。天板ごと網にのせて冷ます。

5. ボウルにホワイトチョコレートを入れて、湯せんにかけて溶かす。ゴムべらで混ぜてきれいに溶けたら、クッキーの先につけてオーブンシートに並べ、冷蔵庫で20分ほど冷やし固める。

ⓐ

チョコサンドクッキー

コロンとした愛くるしいクッキー。
ひと口食べるとアニスの香りがふわっと広がります。

材料　直径2cm強のサンドクッキー18個分

A
- 薄力粉 … 40g
- ココアパウダー … 10g
- アーモンドプードル … 50g
- きび砂糖 … 15g
- 粉糖 … 15g

バター … 50g
アニス(シード) … 2g(1～4g)
ビターチョコレート … 20g

準備

・ バターは1cm角に切って冷蔵庫で冷やす。

・ ビターチョコレートは刻む。

・ 天板にシルパン(またはオーブンシート)を敷く。

・ オーブンは160℃に予熱する。

作り方

1. ボウルにAを合わせてふるい入れ、バターとアニスを加える❶。指でバターをつぶしながら粉類とすり合わせ、手で10回ほどこねてなめらかな生地にする。

2. 1を5gずつ計量して分け(36個できる)、それぞれ丸くまとめる。バットに並べ、ラップをかけて冷蔵庫で1時間以上休ませる。

3. 2を冷蔵庫から取り出して天板に並べ、160℃のオーブンで15～18分焼く。天板ごと網にのせて冷ます。

4. 小さいボウルにビターチョコレートの半量を入れ、湯せんにかけて溶かす❷。きれいに溶けたら湯せんからはずして残りのチョコレートを加え、ゴムべらで素早く混ぜて溶かす。

5. 3を2個1組みにして、1個の平らな面に4を少量(約1g)塗り、もう1個でサンドする。残りのクッキーも同様にしてサンドし、チョコレートが固まるまで網の上におく。

材料　直径3cmのクッキー約20枚分

A
- バター … 65g
- きび砂糖 … 25g
- 粉糖 … 25g
- 塩 … 1g

インスタントコーヒー … 2g
ぬるま湯 … 3g
溶き卵 … 20g
薄力粉 … 130g
クローブ（パウダー）… 2g（1〜3g）
クリスタルシュガー（またはグラニュー糖）… 30g

準備

- バターは室温に戻す。
- インスタントコーヒーは分量のぬるま湯で溶き、溶き卵を加えて混ぜる。
- 天板にシルパン（またはオーブンシート）を敷く。
- オーブンは170℃に予熱する。

クローブコーヒークッキー

クリスタルシュガーのガリッとした口当たりがアクセント。
クローブの風味がしっかりと感じられます。

作り方

1. ボウルにAを入れ、ゴムべらで混ぜ合わせる。

2. インスタントコーヒーと合わせた溶き卵を加え、泡立て器で混ぜる。

3. 薄力粉とクローブを合わせてふるい入れ、ゴムべらで混ぜる。

4. 台に取り出し、ラップで包んで手で転がして直径3×長さ23cmの棒状にし、冷蔵庫で1時間以上休ませる。

5. バットにクリスタルシュガーを広げる。4を冷蔵庫から取り出してラップをはずし、バットの中で転がして表面にクリスタルシュガーをまぶす。1cm厚さに切って、天板に並べる。

6. 170℃のオーブンで20〜23分焼き、天板ごと網にのせて冷ます。

花椒の塩クッキー

_{ホ ア ジャオ}

チーズの香りが鼻に抜け、
花椒の風味が口の中に広がります。

材料 _{直径3cmのクッキー約20枚分}

A
- バター … 65g
- きび砂糖 … 15g
- 粉糖 … 15g
- 塩 … 2g

- 溶き卵 … 20g
- 薄力粉 … 130g
- 花椒(パウダー) … 3g(2〜5g)
- 白煎りごま … 20g
- エダムチーズ … 20g

準備

・バターは室温に戻す。

・エダムチーズはグレーダーですりおろす**ⓐ**。

・天板にシルパン（またはオーブンシート）を敷く。

・オーブンは170℃に予熱する。

ⓐ

作り方

1. ボウルに**A**を入れ、ゴムべらで混ぜ合わせる。

2. 溶き卵を加え、泡立て器で混ぜる。

3. 薄力粉と花椒を合わせてふるい入れ、ゴムべらで混ぜる。白煎りごまとエダムチーズを加えて混ぜる。

4. 台に取り出し、ラップで包んで手で転がして直径3×長さ23cmの棒状にし、冷蔵庫で1時間以上休ませる。

5. 冷蔵庫から取り出してラップをはずし、1cm厚さに切って天板に並べる。

6. 170℃のオーブンで20〜23分焼き、天板ごと網にのせて冷ます。

ビスコッティ

二度焼きするのでしっかりとした食感に。
スパイス香る新感覚のビスコッティです。

材料　長さ10×厚さ1cmのビスコッティ約20個分

溶き卵 … 50g

きび砂糖 … 50g

太白ごま油 … 15g

A ┌ 薄力粉 … 120g
　├ 塩 … 1g
　├ ベーキングパウダー … 3g
　├ シナモン(パウダー) … 3g(2〜5g)
　└ ナツメグ(パウダー) … 1.5g(ひとつまみ〜3g)

ピスタチオ … 40g(正味)

＊殻があればむく。

ホワイトチョコチップ … 60g

準備

・天板にオーブンシートを敷く。

・オーブンは180℃に予熱する。

作り方

1. ボウルに溶き卵ときび砂糖を入れて泡立て器で混ぜ、太白ごま油を加えてよく混ぜる。

2. Aを合わせてふるい入れ、ピスタチオとホワイトチョコチップを加え、ゴムべらで粉っぽさがなくなるまで混ぜる。

3. 天板にのせ、生地がベタベタと手につきやすいので太白ごま油少々(分量外)を手につけて、10×24cmのなまこ形に成形する。

4. 180℃のオーブンで15分焼き、天板ごと網にのせて1時間ほど冷ます。
   ＊5の作業の前にオーブンを160℃に予熱する。

5. まな板に移して長辺を1cm厚さに切り、断面を上に向けて天板に並べる。

6. 160℃のオーブンで30分焼き、天板ごと網にのせて冷ます。

チェダーチーズとベーコンのペッパースコーン
⇨ Recipe_p.36

ブルーベリーのスコーン
⇨ Recipe_p.37

かぼちゃとクリームチーズのスコーン
⇨ Recipe_p.38

スコーン３種

チェダーチーズと
ベーコンのペッパースコーン

ベーコンとチーズが口の中で合わさって、
かむほどにうまみが押し寄せてきます。

材料 8個分

A {
薄力粉 … 220g
全粒粉（製菓用）… 30g
きび砂糖 … 20g
塩 … 3g
ベーキングパウダー … 3g
重曹 … 3g
}

バター … 60g
黒こしょう（ホール）… 4g（2〜6g）
ブロックベーコン … 70g
チェダーチーズ … 70g
プレーンヨーグルト … 120g

準備

・ バターは1cm角に切って冷蔵庫で冷やす。

・ 黒こしょうは、ペッパーミルで粗びきにするか、乳鉢で粗めに砕く。

・ ベーコンは5mm角に切り**ⓐ**右、チェダーチーズは1cm角に切る**ⓐ**左。

・ 天板にシルパン（またはオーブンシート）を敷く。

・ オーブンは180℃に予熱する。

作り方

1. ボウルに**A**を合わせてふるい入れる。

2. バターを加え、指でつぶしながら粉類とすり合わせる。手の
   ひらで全体をこすり合わせ、サラサラした状態にする。

3. 黒こしょうとベーコン、チェダーチーズを加えて手でざっく
   りと混ぜ、ヨーグルトを加えて、ゴムべらで全体を切るよう
   にして粉けがなくなるまで混ぜる。
   ＊このときベーコンとチェダーチーズは小さく刻まないように注意する。

4. はかりに**3**をボウルごとのせて0g表示にし、スプーンで約
   75g取って準備した天板におく。再びはかりを0g表示にし、
   約75g取って天板におく（p.38**ⓑ**参照）。これをくり返し、大き
   さがそろうよう微調整しながら計8個並べ、最後に手で丸く
   まとめる。

5. 180℃のオーブンで20〜23分焼き、天板ごと網にのせて冷
   ます。

ⓐ

ブルーベリーのスコーン

ブルーベリーをなるべくつぶさないように混ぜるのがポイント。
食べたあとから花椒<ruby>花椒<rt>ホアジャオ</rt></ruby>の香りが追いかけます。

材料 8個分

$$
A\begin{cases}
薄力粉 \cdots 250g \\
きび砂糖 \cdots 40g \\
塩 \cdots 3g \\
ベーキングパウダー \cdots 3g \\
重曹 \cdots 3g
\end{cases}
$$

バター … 70g
ブルーベリー … 120g
花椒(ホール) … 2g(1〜3g)
プレーンヨーグルト … 120g

準備

・ バターは1cm角に切って冷蔵庫で冷やす。

・ 花椒は乳鉢(またはミル)で粗めに砕く。

・ 天板にシルパン(またはオーブンシート)を敷く。

・ オーブンは180℃に予熱する。

作り方

1. ボウルに**A**を合わせてふるい入れる。

2. バターを加え、指でつぶしながら粉類とすり合わせる。手のひらで全体をこすり合わせ、サラサラした状態にする。

3. ブルーベリーと花椒を加えて手でざっくりと混ぜ、ヨーグルトを加えて、ゴムべらで全体を切るようにして粉けがなくなるまで混ぜる❶。
   * このときブルーベリーは切り刻まないように注意する。

4. はかりに**3**をボウルごとのせて0g表示にし、スプーンで約75g取って準備した天板におく。再びはかりを0g表示にし、約75g取って天板におく(p.38 ❶参照)。これをくり返し、大きさがそろうよう微調整しながら計8個並べ、最後に手で丸くまとめる。

5. 180℃のオーブンで20〜23分焼き、天板ごと網にのせて冷まます。

かぼちゃとクリームチーズのスコーン

ほろっふわっで食べやすいスコーン。
かぼちゃやクリームチーズの効果で奥深い味わいです。

材料 10個分

A
- 薄力粉 … 250g
- きび砂糖 … 40g
- 塩 … 3g
- ベーキングパウダー … 3g
- 重曹 … 3g
- シナモン(パウダー) … 3g(2〜4g)
- オールスパイス(パウダー) … 1g(ひとつまみ〜2g)

- バター … 70g
- かぼちゃ … 160g
- クリームチーズ … 100g
- プレーンヨーグルト … 120g

準備

- バターは1cm角に切って冷蔵庫で冷やす。
- かぼちゃは耐熱皿にのせ、ラップをふんわりかけて、500Wの電子レンジで竹串がスッと通るまで3分ほど加熱する。粗熱がとれたら1cm角に切る。
- クリームチーズは1cm角に切る。
- 天板にシルパン(またはオーブンシート)を敷く。
- オーブンは180℃に予熱する。

作り方

1. ボウルに**A**を合わせてふるい入れる。

2. バターを加え、指でつぶしながら粉類とすり合わせる。手のひらで全体をこすり合わせ、サラサラした状態にする。

3. かぼちゃとクリームチーズを加えて手でざっくりと混ぜ、ヨーグルトを加えて❶、ゴムべらで全体を切るようにして粉けがなくなるまで混ぜる。

4. はかりに**3**をボウルごとのせて0g表示にし、スプーンで約75g取って準備した天板におく。再びはかりを0g表示にし、約75g取って天板におく❶。これをくり返し、大きさがそろうよう微調整しながら計8個並べ、最後に手で丸くまとめる。

5. 180℃のオーブンで20〜23分焼き、天板ごと網にのせて冷ます。

いつもの料理にちょっとスパイスをきかせたいときに
あると便利なスパイスジャムやスプレッド。
作り置きができるので、何種類か作って活用しましょう。

スパイスジャム&スパイススプレッド

キウイジャム

カルダモンの種のカリッとした食感と、かんだときの爽快感が
やみつきになるおいしさです。ヨーグルトやトーストに合わせたり、
ポークソテーのソースにしても。

材料　出来上がり約300g

キウイフルーツ … 200g（正味）
グラニュー糖 … 120g
バニラビーンズ … ¼本
カルダモン（ホール）の種 … 2g（正味）
レモン果汁 … 20g

準備

・ バニラビーンズは縦に切り込みを入れ、包丁の背で種
をこそげ取って器に入れる。分量のグラニュー糖を加
え、さやに残った種にグラニュー糖をすり込んでなじ
ませ、指でこそげ取る（p.19**a**参照／さやはとっておく）。

・ カルダモンは外皮をむいて中の種を取り出し、2g
用意する。

作り方

1. キウイは1cm角に切り、厚手の鍋に入れる。準
   備したグラニュー糖、バニラビーンズのさや、
   カルダモンの種を加え、ゴムべらで混ぜてその
   まま1時間おく。

2. 中火にかけ、グラニュー糖が溶けて沸騰したら
   バニラビーンズのさやを取り出し、そのまま5
   分煮込む。アクが出てきたら取り除く。

3. レモン果汁を加えて火から下ろし、煮沸消毒し
   た保存瓶に移してふたを閉める。そのまま冷め
   るまでおく。冷蔵庫で1カ月保存可能。

ラズベリージャム

チョコレート系のお菓子と相性抜群！
チョコレートケーキやチーズケーキのほか、
牛肉のステーキやローストビーフのソースなどにもおすすめ。

材料　出来上がり約400g

ラズベリー … 250g
グラニュー糖 … 150g
クローブ（ホール）… 5g
ローリエ … 1枚
シナモン（スティック）… 1本（5g）
レモン果汁 … 20g

作り方

1. 厚手の鍋にレモン果汁以外の材料を入れ、ゴム
   べらで混ぜてそのまま1時間おく。

2. 中火にかけ、グラニュー糖が溶けて沸騰したら、
   そのまま10分煮込む。アクが出てきたら取り
   除く。

3. レモン果汁を加えて火から下ろし、煮沸消毒し
   た保存瓶に移してふたを閉める。そのまま冷め
   るまでおく。冷蔵庫で1カ月保存可能。

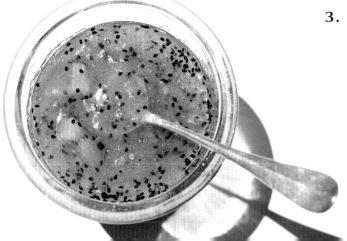

アニス塩キャラメル
スプレッド

アニスの香りと塩けのあるキャラメルが特徴。
バニラアイスにかけたり、パンケーキのシロップにしても美味。

材料　出来上がり約380g

生クリーム … 200g
八角(ホール) … 2個
グラニュー糖 … 200g
塩 … 2g

作り方

1. 小鍋に生クリームと八角を入れ、弱火で沸騰直前まで加熱する。火から下ろし、ふたをして15分おく。

2. 別の小鍋に水30gを入れてグラニュー糖を加え、中火で加熱する。鍋の縁が茶色く色づいてきたら弱火にし、鍋を小さくゆすってカラメルの色を均一にする。濃い茶色になったら火を止めて、1を加える。
   ＊このときカラメルがはねるので、厚手のゴム手袋などをして行う。

3. 再び弱火にかけてゴムべらで混ぜ、カラメルをきれいに溶かす。塩を加えて混ぜ、煮沸消毒した保存瓶に移してふたを閉める。そのまま冷めるまでおく。冷蔵庫で1週間保存可能。

アーモンドバタースプレッド

トーストに塗るほか、ラズベリージャムと合わせて
サンドイッチにしたり、バゲットに塗って生ハムをのせ
タルティーヌで楽しんでも。

材料　出来上がり約300g

アーモンド … 150g
バター … 100g
塩 … 2g
きび砂糖 … 60g
ミックススパイスA(p.9参照) … 5g(3〜6g)

作り方

1. アーモンドは170℃に予熱したオーブンで15〜20分ローストし、バットに移して粗熱をとる。

2. フードプロセッサーに1を入れ、ペースト状になるまで攪拌する。残りの材料をすべて加え、きれいに混ざるまで攪拌し、煮沸消毒した保存瓶に移してふたを閉める。冷蔵庫で2週間保存可能。

スパイスは熱をかけると香りがいっそう強くなります。生地の中に入れて焼いたり、シロップに入れて煮たりすると、スパイスの香りに包まれます。まずはみんなが好きなロールケーキやパウンドケーキからチャレンジするのがおすすめです。

Cakes

ナツメグコーヒー
ロールケーキ

ナツメグ風味のふわふわスポンジと
コーヒークリームの相性は抜群。
軽い食感があとを引きます。

材料　27cm角のロールケーキ天板1台分

〈コーヒークリーム〉
生クリーム … 75g
ホワイトチョコレート … 25g
A ┌ インスタントコーヒー … 3g
　 └ カルーア … 5g

〈スポンジ生地〉
卵黄 … 90g
卵白 … 150g
きび砂糖 … 25g＋50g
B ┌ 薄力粉 … 38g
　 └ ナツメグ (パウダー) … 2g(1〜3g)
バター … 38g

準備

・卵黄と卵白はそれぞれ溶きほぐす。
・バターは湯せんにかけて溶かす。
・ホワイトチョコレートは粗く刻み、Aは合わせて混ぜる。
・天板にオーブンシートを敷く 。
・オーブンは200℃に予熱する。

作り方

1. 〈コーヒークリーム〉小鍋に生クリームを入れて弱火で沸騰直前まで沸かし、火から下ろしてホワイトチョコレートを加え、ゴムべらで混ぜる。準備したAを加え、均一になるまで混ぜて、鍋底を氷水に当てて急冷する。しっかりと冷えたらざるでこしてボウルに移し、ラップをかけて冷蔵庫に入れる。

2. 〈スポンジ生地〉ボウルに卵黄ときび砂糖25gを入れ、ハンドミキサーの高速で淡い黄色になってもったりとするまで混ぜる 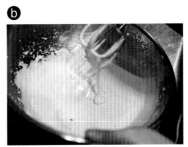。

3. 別のボウルに卵白ときび砂糖50gを入れ、ハンドミキサーの高速で泡立て、角が立つまで泡立てる 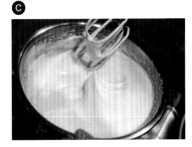。

4. 3を2に半量ずつ2回に分けて加え、そのつど泡立て器で切るようにして混ぜる。

5. Bを合わせてふるい入れ、ゴムべらで切るようにして混ぜ、粉けがなくなったらバターを回し入れる。ボウルの底からすくい上げ、切るようにして混ぜる。

6. 天板に流し入れ、カードで厚さを均一にする。200℃のオーブンで11〜13分焼き、天板ごと網にのせて冷ます。乾燥を防ぐため、天板より少し大きめに切ったオーブンシートをふわっとのせる。

7. 上にのせた6のシートを台に敷き、生地を型からはずして焼き色のついた面を下にしてのせ、底面のシートをはがす。

8. 1を冷蔵庫から取り出し、ボウルの底を氷水に当てながらハンドミキサーの高速で8分立て(持ち上げたとき角の先端がおじぎをする程度)に攪拌し、7の上にゴムべらで均一に塗る。

9. 手前側から下に敷いたオーブンシートを持ち上げながら奥に向かって生地を巻き、巻き終わりを下にしてオーブンシートで包む。さらにアルミホイルで包み、冷蔵庫で3〜8時間休ませる。

＊このまま翌日まで冷蔵保存可能。切ったらすぐに食べる。

レーズンとクルミのパウンドケーキ

ほろっとした生地が特徴のパウンドケーキ。
ラム酒の香りがふわっと漂い、スパイスのパンチも楽しめます。

材料　7×16.5×高さ6cmのパウンド型1台分

バター … 90g
きび砂糖 … 100g
溶き卵 … 100g
A ┌ アーモンドプードル … 30g
　│ 薄力粉 … 90g
　│ ミックススパイス B (p.9参照)
　│ 　… 8g（5〜10g）
　└ ベーキングパウダー … 3g
クルミ … 35g
レーズン … 100g
ラム酒 … 30g

準備

・耐熱容器にレーズンとラム酒を入れて混ぜ合わせ、ラップをふんわりかける。500Wの電子レンジで90秒加熱し、ラップをしたまま粗熱をとる。
・バターは室温に戻す。
・クルミは170℃に予熱したオーブンで12分ローストし、粗めに刻む。
・型にオーブンシートを敷く 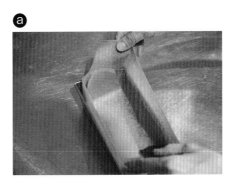。
・オーブンは180℃に予熱する。

作り方

1. ボウルにバターを入れて泡立て器で混ぜる。きび砂糖を加えてさらに混ぜ、バターがふわっとして白っぽくなるまで混ぜる。

2. 溶き卵を3回に分けて加え、そのつど泡立て器でよく混ぜる。Aを合わせてふるい入れ、ゴムべらでボウルの底からすくい上げながら、粉けがなくなるまで大きく混ぜる 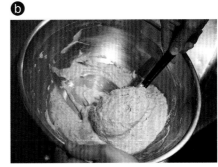。

3. クルミ、ラム酒と合わせたレーズンを汁ごと加え、全体にゆきわたるようゴムべらでまんべんなく混ぜ、型に流し入れる。

4. 180℃のオーブンで40分焼く。竹串を中心に刺し、何もついてこなければ焼き上がり。型ごと網にのせ、粗熱がとれたら型からはずす。
   ＊焼けていない場合は、様子を見ながら追加で10分焼く。
   ＊ラップでしっかりと包んで室温で1週間ほど保存可能。2〜3日たつと生地がしっとりしてくる。

レモンとポピーシードのパウンドケーキ

ポピーシードをたっぷり使ったプチプチ食感のケーキ。
コリアンダーとジンジャーが隠し味です。

材料　7×16.5×高さ6cmのパウンド型1台分

バター … 135g
上白糖 … 130g
塩 … 1g
溶き卵 … 120g

A
┌ 薄力粉 … 100g
│ アーモンドプードル … 35g
│ ベーキングパウダー … 3g
│ コリアンダー（パウダー）
│ … 3g（1〜5g）
└ ジンジャー（パウダー） … 5g（2〜6g）

ブルーポピー（シード）… 20g
レモン … 1個

〈アイシング〉
粉糖 … 40g
レモン果汁 … 8g

準備

・バターは室温に戻す。
・レモンは皮の黄色い部分をすりおろし、横半分に切って果汁を搾る。レモン果汁のうち8gはアイシング用、残りは20〜25gに調整して生地用に使う（残りの果汁が20gに足りない場合はレモン果汁を追加する）。
・型にオーブンシートを敷く。
・オーブンは180℃に予熱する。

作り方

1. ボウルにバターを入れて泡立て器で混ぜる。上白糖と塩を加えてさらに混ぜ、バターがふわっとして白っぽくなるまでしっかりと混ぜる。

2. 溶き卵を3回に分けて加え、そのつど泡立て器でよく混ぜる。Aを合わせてふるい入れ、ゴムべらでボウルの底からすくい上げながら、粉けがなくなるまで大きく混ぜる。

3. ブルーポピーを加え**ⓐ**、レモンの皮、レモン果汁を加え、生地全体にゆきわたるようゴムべらでまんべんなく混ぜ、型に流し入れる。

4. 180℃のオーブンで40分焼く。竹串を中心に刺し、何もついてこなければ焼き上がり。型ごと網にのせ、粗熱がとれたら型からはずす。
   ＊焼けていない場合は、様子を見ながら追加で10分焼く。

5. 〈アイシング〉ボウルに粉糖とレモン果汁5gを入れて小さめの泡立て器でよく混ぜ、残りのレモン果汁を1gずつ加えてスプーンからとろっと落ちるくらいのかたさにする。スプーンで**4**にかけ、乾くまで1時間ほどおく。
   ＊密閉容器に入れて冷蔵庫で1週間ほど保存可能。作ってから2〜3日たつと生地がしっとりしてくる。

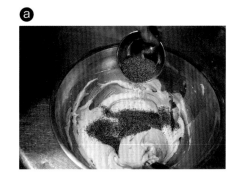

クローブオレンジケーキ

甘くて濃厚な香りのクローブと、
爽やかでほろ苦いオレンジとの組み合わせが絶妙。
夏場は冷蔵庫で冷やしていただくのがおすすめです。

材料　直径18cmの丸型(底あり)1台分

オレンジ … 1個

〈オレンジのシロップ煮〉
オレンジ(3mm厚さのいちょう切り) … 1/2個分
クローブ(ホール) … 4粒
グラニュー糖 … 50g
水 … 150g

〈仕上げのシロップ〉
アプリコットジャム … 80g
アマレット … 80g
オレンジの搾り汁 … 1/2個分

〈生地〉
A ┌ 溶き卵 … 100g
　│ 卵黄 … 40g
　│ きび砂糖 … 75g
　└ 粉糖 … 75g
B ┌ アーモンドプードル … 80g
　│ クローブ(パウダー)
　│ 　… 2g(ひとつまみ〜4g)
　└ 薄力粉 … 100g
バター … 100g

準備

・オレンジはぬるま湯で表面を洗い、縦半分に切る。1/2個はオレンジのシロップ煮用に3mm厚さのいちょう切りにし、残りは仕上げのシロップ用に果汁を搾る。
・バターは湯せんにかけて溶かす。
・Aの卵黄は溶きほぐす。
・型にオーブンシートを敷く。
・オーブンは180℃に予熱する。

作り方

1. 〈オレンジのシロップ煮〉鍋に材料をすべて入れ、中火にかける。沸騰したら弱火にし、落としぶたをして15分煮て火から下ろし、そのまま粗熱をとる。
   ＊事前に作りおく場合は、清潔な保存容器に入れて❹冷蔵庫で2〜3日保存可能。

2. 〈仕上げのシロップ〉小鍋に材料をすべて入れて弱火にかける。沸騰したら火から下ろす。

3. 〈生地〉ボウルにAを入れ、ハンドミキサーの低速で混ぜる。全体が混ざったら、高速にして全体が淡い黄色になり、もったりとするまで混ぜる。

4. Bを合わせてふるい入れ❺、ゴムべらでボウルの底からすくい上げながら、粉けがなくなるまで大きく混ぜる。バターと1を加え、同様に混ぜる。

5. 型に流し入れ、180℃のオーブンで40分焼く。竹串を中心に刺し、何もついてこなければ焼き上がり。型ごと網にのせる。
   ＊焼けていない場合は、様子を見ながら追加で10分焼く。

6. 2を再び弱火にかけ、沸騰したら火から下ろす。刷毛で5の上面に塗り、粗熱がとれたら型からはずす。
   ＊ラップでしっかりと包んで冷蔵庫で1週間ほど保存可能。作ってから2〜3日たつと生地がしっとりしてくる。

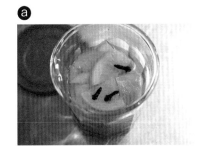

ベイクドチーズケーキ

爽やかな香りを放つキャラウェイシードがクリームチーズとよく合います。
白ワインと好相性。お好みでフレーク状の塩をつけてどうぞ。

材料 　直径18cmの丸型（底あり）1台分

クリームチーズ … 300g
サワークリーム … 150g
きび砂糖 … 100g
バニラビーンズ … ½本
生クリーム … 30g
溶き卵 … 100g
卵黄 … 20g
レモン果汁 … 30g
米粉 … 10g
キャラウェイ（シード）… 2g（1〜4g）

準備

・ クリームチーズは室温に戻す。

・ バニラビーンズは縦に切り込みを入れ、包丁の背で種
　をこそげ取って器に入れる。分量のきび砂糖を加え、
　さやに残った種にきび砂糖をすり込んでなじませ、指
　でこそげ取る（p.19 ⓐ 参照／さやは取り除く）。

・ 型にオーブンシートを敷く。

・ オーブンは170℃に予熱する。

作り方

1. ボウルにクリームチーズを入れ、なめらかになるまで泡立て
　　　 器で混ぜる。サワークリーム、準備したきび砂糖を加えて混
　　　 ぜ、生クリーム、溶き卵、卵黄も加えて混ぜる。最後にレモン
　　　 果汁と米粉を加えて混ぜる。

2. 1をざるでこし ⓐ、キャラウェイを加えて ⓑ ゴムべらで混ぜ、
　　　 型に流し入れる。

3. 深さのあるバットに湯を高さ3cmほど注いで 2 を入れ、170
　　　 ℃のオーブンで50〜60分焼く。バットから取り出し、型ご
　　　 と網にのせて粗熱をとり、ラップをかけて冷蔵庫で3時間以
　　　 上冷やす。冷え固まったら型からはずす。

　　　 ＊密閉容器に入れて冷蔵庫で2〜3日保存可能。
　　　 ＊表紙のように「アニス塩キャラメルスプレッド」（p.42参照）適量をか
　　　 けて食べてもおいしい。

ココアクランブルのコーヒーケーキ

ごろごろとしたクランブルの食感が楽しいケーキ。
ホイップクリームやバニラアイスを添えて食べるのもおすすめです。

材料　18cmのスクエア型1台分

〈ココアクランブル〉
薄力粉 … 50g
ココアパウダー … 20g
グラニュー糖 … 60g
バター … 40g

〈コーヒー生地〉
バター … 150g
きび砂糖 … 150g
溶き卵 … 150g

A { 薄力粉 … 120g
アーモンドプードル … 30g
ベーキングパウダー … 5g
ミックススパイス B (p.9参照)
… 6g(4～8g)

B { カルーア a … 10g
インスタントコーヒー … 5g

準備

・コーヒー生地のバターは室温に戻し、B
　は合わせて混ぜる。
・ココアクランブルのバターは1cm角に切
　って冷蔵庫で冷やす。
・型にオーブンシートを敷く b。
・オーブンは180℃に予熱する。

作り方

1. 〈ココアクランブル〉ボウルに薄力粉、ココアパウダー、グラ
　 ニュー糖を合わせてふるい入れ、バターを加える。バターを
　 指でつぶしながら粉類とすり合わせ、手のひらで全体をこす
　 り合わせてそぼろ状にする c。使う直前まで冷蔵庫に入れる。
　 ＊ 室温が高い夏場は、クランブルの材料を冷蔵庫で冷やしてから作ると
　 　 きれいなそぼろ状になる。

2. 〈コーヒー生地〉ボウルにバターを入れて泡立て器で混ぜる。
　 きび砂糖を加えてさらに混ぜ、バターが白っぽくなるまでし
　 っかりと混ぜる。

3. 溶き卵を3回に分けて加え、そのつど泡立て器でよく混ぜる。
　 Aを合わせてふるい入れ、ゴムべらでボウルの底からすくい
　 上げながら、粉けがなくなるまで大きく混ぜる。

4. 準備したBを加えて生地全体に混ぜ、型に流し入れる。

5. 180℃のオーブンで40～45分焼く。竹串を中心に刺し、何
　 もついてこなければ焼き上がり。型ごと網にのせ、粗熱がと
　 れたら型からはずす。
　 ＊ 焼けていない場合は、様子を見ながら追加で10分焼く。
　 ＊ ラップでしっかりと包んで室温で3～4日保存可能。

スパイシーなガトーショコラ

濃厚なチョコ味にあとからやってくるピリリとしたスパイスが刺激的。
ホイップクリームを添えてどうぞ。

材料　直径18cmの丸型（底抜け）1台分

A ［卵黄 … 80g
　［きび砂糖 … 80g

B ［バター … 80g
　［ビターチョコレート … 120g
　［カイエンペッパー（パウダー）
　　　… 1g（ひとつまみ〜2g）
　［ラム酒 … 30g
生クリーム … 60g
卵白 … 140g
グラニュー糖 … 80g
ココアパウダー … 50g
米粉 … 20g

〈ホイップクリーム〉
生クリーム … 100g
カイエンペッパー（パウダー）… 少々

準備

・ **B**のバターは1cm厚さに切り、ビターチョコレートは粗く刻む。
・ 型にオーブンシートを敷く。
・ オーブンは200℃に予熱する。

作り方

1. ボウルに**A**を入れ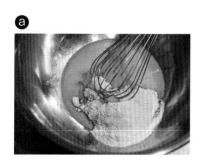、泡立て器でもったりするまで3分ほど混ぜる。

2. 別のボウルに**B**を入れ、湯せんにかける。ゴムべらでやさしく混ぜながらチョコレートを溶かし、生クリームを加えてさらに混ぜる。

3. 別のボウルに卵白を入れ、ハンドミキサーの低速で溶きほぐす。グラニュー糖を加え、高速にして1分ほど（すくい上げて横にふりながらたらしたときに、くっきりと筋が残る程度まで）泡立てる。

4. **1**に**2**を加えて泡立て器で混ぜ、ココアパウダーと米粉を合わせてふるい入れ、粉けがなくなるまで混ぜる。

5. **4**に**3**を2回に分けて加え、そのつど泡立て器で切るようにして混ぜる。最後はゴムべらでボウルの底からすくい上げながら大きく混ぜる。

6. 型に流し入れ、200℃のオーブンで25分焼く。型ごと網にのせて粗熱をとり、ラップをかけて冷蔵庫で3時間以上冷やす。冷え固まったら型からはずし、食べやすく切って器に盛る。
　＊密閉容器に入れて冷蔵庫で1週間ほど保存可能。

7. 〈ホイップクリーム〉ボウルに生クリームを入れ、ボウルの底を氷水に当てながらハンドミキサーの高速で8分立て（持ち上げたとき角の先端がおじぎをする程度）に攪拌する。**6**に添え、カイエンペッパーをふる。

ヨーグルトポムポム

りんごの酸味や甘みをスパイスが引き立てます。
焼きたてをスプーンですくって食べても、冷蔵庫で冷やして食べてもおいしいですよ。

材料　直径18cmの丸型（底あり）1台分

〈りんごのソテー〉
りんご（紅玉）… 2個
バター … 20g
グラニュー糖 … 20g

〈ヨーグルト生地〉
プレーンヨーグルト … 200g
きび砂糖 … 90g
バニラビーンズ … 1/2本
溶き卵 … 100g
太白ごま油 … 50g

A ┌ 薄力粉 … 100g
　├ ナツメグ（パウダー）
　│　… 0.5g（ひとつまみ〜2g）
　├ シナモン（パウダー）
　│　… 1g（ひとつまみ〜2g）
　└ ベーキングパウダー … 3g
バター … 20g
グラニュー糖 … 10g

準備

- りんごは皮つきのまま縦8等分のくし形切りにし、芯を取って1cm厚さのいちょう切りにする@
- バニラビーンズは縦に切り込みを入れ、包丁の背で種をこそげ取って器に入れる。分量のきび砂糖を加え、さやに残った種にきび砂糖をすり込んでなじませ、指でこそげ取る（p.19@参照／さやは取り除く）。
- ヨーグルト生地のバターは5mm角に切って冷蔵庫で冷やす。
- 型にオーブンシートを敷く。
- オーブンは200℃に予熱する。

作り方

1. 〈りんごのソテー〉フライパンにバターを入れて中火にかけ、バターが溶けたらりんごを加えて広げる。強火にしてりんごに焼き色がつくまで触らずに加熱し、焼き色がついたら全体を大きく混ぜて❺、再び焼き色がつくまで触らずに3分ほど焼く。グラニュー糖を加え、全体にからめてバットに広げ、粗熱をとる❻。

2. 〈ヨーグルト生地〉ボウルにヨーグルトと準備したきび砂糖を入れ、泡立て器で混ぜる。溶き卵、太白ごま油を順に加え、そのつど混ぜる。Aを合わせてふるい入れ、泡立て器で切るようにして粉けがなくなるまで混ぜる。

3. 型に2の半量を流し入れ、1の半量をまんべんなくのせる。その上に残りの2を流し入れ、残りの1を同様にのせてバターを全体に散らす。

4. 200℃のオーブンで20分焼いてオーブンから取り出し、表面にグラニュー糖をふりかけて、再び200℃のオーブンで40分焼く。型ごと網にのせ、粗熱がとれたら型からはずす。
＊ラップでしっかりと包んで冷蔵庫で2日ほど保存可能。

ⓐ

ⓑ

ⓒ

ビクトリアケーキ

爽やかな香りを放つスパイス入りのスポンジ生地と
甘酸っぱいラズベリーがよく合います。

材料 　直径18cmの丸型1台分

〈バタースポンジ生地〉
バター … 150g
<u>アニス</u>(シード) … 2g(1〜3g)
<u>カルダモン</u>(パウダー) … 2g(1〜2g)
粉糖 … 75g
きび砂糖 … 75g
溶き卵 … 150g
薄力粉 … 210g
ベーキングパウダー … 3g
牛乳 … 30g

〈ホイップクリーム〉
生クリーム … 80g
粉糖 … 10g

ラズベリージャム(p.41参照) … 80g
粉糖(仕上げ用) … 少々

準備

・ バターと牛乳はそれぞれ室温に戻す。

・ 型にオーブンシートを敷く。

・ オーブンは170℃に予熱する。

作り方

1. 〈バタースポンジ生地〉ボウルにバター、アニス、カルダモン
を入れて❶ゴムべらで混ぜる。粉糖ときび砂糖を加えて泡立
て器で混ぜ、バターがふわっとして白っぽくなるまでしっか
りと混ぜる。

2. 溶き卵を3回に分けて加え、そのつど泡立て器でよく混ぜる。
薄力粉とベーキングパウダーを合わせてふるい入れ、ゴムべ
らでボウルの底からすくい上げながら、粉けがなくなるまで
混ぜる。最後に牛乳を加えてしっかり混ぜ、型に流し入れる。

3. 170℃のオーブンで50分焼く。竹串を中心に刺し、何もつい
てこなければ焼き上がり。型ごと網にのせて冷まし、型から
はずして厚さを半分に切る。
＊ 焼けていない場合は、様子を見ながら追加で10分焼く。

4. 〈ホイップクリーム〉ボウルに生クリームと粉糖を入れ、ボウ
ルの底を氷水に当てながらハンドミキサーの高速で9分立て
(持ち上げたとき角がピンと立つ程度)に攪拌する。

5. 3の下の生地の断面にラズベリージャムを塗り、上に4をの
せてスプーンの背で均一にのばし❷、上の生地をのせる❸。
冷蔵庫で1時間ほど冷やし、茶こしで仕上げ用の粉糖をふる。

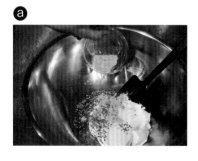

大人のファーブルトン

焼きたてはラム酒の香りがふわっと鼻に抜けます。
アツアツでも、冷蔵庫で冷やして食べても格別のおいしさです。

材料 16×19×高さ2.5cmの耐熱皿1台分

溶き卵 … 50g

卵黄 … 20g

きび砂糖 … 50g

バニラビーンズ … ½本

塩 … ひとつまみ

A {
薄力粉 … 65g
シナモン(パウダー)
　… 1.5g(ひとつまみ～2g)
ナツメグ(パウダー)
　… 0.5g(ひとつまみ～1g)
}

牛乳 … 150g

生クリーム … 180g

ドライプルーン(種なし) … 120g

ラム酒 … 20g

バター … 20g

グラニュー糖 … 10g

準備

・バニラビーンズは縦に切り込みを入れ、包丁の背で種をこそげ取って器に入れる。分量のきび砂糖を加え、さやに残った種にきび砂糖をすり込んでなじませ、指でこそげ取る(p.19❶参照／さやは取り除く)。

・小鍋に牛乳と生クリームを入れ、人肌程度に温める。

・プルーンは半分に切って耐熱容器に入れ、ラム酒を回しかけてラップをふんわりかける❶。500Wの電子レンジで90秒加熱し、ラップをしたまま粗熱をとる。

・バター約10g(分量外)を室温に戻し、指で耐熱皿に塗る❶。

・オーブンは200℃に予熱する。

作り方

1. ボウルに溶き卵と卵黄を入れて泡立て器で混ぜ、準備したきび砂糖、塩を加えて混ぜる。

2. Aを合わせてふるい入れ、ゴムべらでボウルの底からすくい上げながら、粉けがなくなるまで大きく混ぜる。

3. 温めた牛乳と生クリームを少しずつ流し入れてゴムべらで混ぜ、ざるでこす。

4. ラム酒と合わせたプルーンを耐熱皿に均等に並べ、残ったラム酒も回し入れる。3を流し入れ❶、冷蔵庫から出したバターを手で小さくちぎって散らす。

5. 200℃のオーブンで20分焼く。一度取り出してグラニュー糖をふりかけ、180℃に温度を下げてさらに30分焼く。
   ＊ラップでしっかりと包んで冷蔵庫で3～4日保存可能。

カルダモンバナナブレッド

バナナをたっぷり使ったみんなが好きなバナナブレッドを、
カルダモンでランクアップ。ひと味違った味わいが新鮮です。

材料　18cmのスクエア型1台分

バター … 100g
きび砂糖 … 110g
塩 … 3g
カルダモン（ホール）の種
　… 5g（3〜8g）
溶き卵 … 100g
A 　準強力粉 … 200g
　　ベーキングパウダー … 3g
　　ベーキングソーダ … 1g
バナナ（マッシュ用） … 200g（正味）
バナナ（トッピング用） … 1本

準備

・ バターは室温に戻す。
・ カルダモンは外皮をむいて中の種を取り
　出し、5g（3〜8g）用意して包丁で刻む。
・ バナナ（マッシュ用）はざく切りにしてボ
　ウルに入れ、フォークでつぶす。
・ 型にオーブンシートを敷く。
・ オーブンは170℃に予熱する。

作り方

1. ボウルにバターを入れて泡立て器で混ぜ、きび砂糖、塩、カルダモンの種を加えてさらに混ぜ、バターがふわっとして白っぽくなるまでしっかりと混ぜる。

2. 溶き卵を3回に分けて加え、そのつど泡立て器でよく混ぜる。合わせた**A**の半量をふるい入れ、ゴムべらでボウルの底からすくい上げながら、粉けがなくなるまで大きく混ぜる。

3. つぶしたバナナの半量を加え、ゴムべらでまんべんなく混ぜる。

4. 残りの**A**をふるい入れ、**2**と同様に混ぜる。つぶしたバナナの残りも加え、**3**と同様に混ぜる。

5. 型に流し入れ、トッピング用のバナナの皮をむいて縦半分に切り、断面を上にしてのせる。

6. 170℃のオーブンで50分焼く。竹串を中心に刺し、何もついてこなければ焼き上がり。型ごと網にのせ、粗熱がとれたら型からはずす。
   ＊ 焼けていない場合は、様子を見ながら追加で10分焼く。
   ＊ ラップでしっかりと包んで冷蔵庫で2日ほど保存可能。

ダークチェリーのパンプディング

バゲットを卵液につけて焼くだけ。焼きたてでも冷やして食べても美味です。
お好みでホイップクリームやバニラアイスといっしょにどうぞ。

材料　12.5×25×高さ7.5㎝の耐熱皿1台分

バゲット … ½本
バター … 30g

A
　溶き卵 … 200g
　きび砂糖 … 80g
　バニラビーンズ … ½本
　ナツメグ（パウダー）… 1g（ひとつまみ～2g）

牛乳 … 300g
生クリーム … 200g
ダークチェリー（缶詰）… 200g

準備

- バターは室温に戻す。
- **A**のバニラビーンズは縦に切り込みを入れ、包丁の背で種をこそげ取って器に入れる。分量のきび砂糖を加え、さやに残った種にきび砂糖をすり込んでなじませ、指でこそげ取る（p.19 ⓐ参照／さやは取り除く）。
- ダークチェリーは缶汁をきる。
- バター約10g（分量外）を室温に戻し、指で耐熱皿に塗る ⓐ。
- オーブンは170℃に予熱する。

作り方

1. バゲットは2㎝厚さに切り、断面にバターをまんべんなく塗る。トースターで表面がカリッとするまで5～6分焼き、網にのせて粗熱をとる。

2. ボウルに**A**を入れて泡立て器で混ぜ、牛乳と生クリームを加えてさらに混ぜる。**1**を入れ、バゲットがしっかり卵液につかるようぴったりとラップを密着させ ⓑ、そのまま1時間～ひと晩冷蔵庫におく。

3. 耐熱皿に**2**のバゲットとダークチェリーを交互に入れ ⓒ、ボウルに残った卵液も加える ⓓ。

4. 170℃のオーブンで45分焼く。竹串を中心に刺し、何もついてこなければ焼き上がり。
　　＊焼けていない場合は、様子を見ながら追加で10分焼く。
　　＊ラップでしっかりと包んで冷蔵庫で3～4日保存可能。

はちみつマドレーヌ

清涼感のある芳潤な香りのアジョワンシード。
甘みを抑えたマドレーヌに仕上げます。

材料 　7cm長さのシェル型12個分

バター … 90g
アジョワン(シード) … 2g(1〜4g)
溶き卵 … 65g
きび砂糖 … 12g
はちみつ … 65g
薄力粉 … 65g
ベーキングパウダー … 3g

準備

・ バターは1cm厚さに切る。

・ アジョワンを乳鉢(またはミル)で粗めに砕く。

・ 絞り出し袋に1cmの丸口金をセットする。

・ バター約10g(分量外)を室温に戻し、指で型に塗る。

・ オーブンは190℃に予熱する。

作り方

1. 小鍋にバターとアジョワンを入れて弱火にかけ、バターが溶けたら火から下ろし、粗熱をとる。

2. ボウルに溶き卵、きび砂糖、はちみつを入れて泡立て器で混ぜ、薄力粉とベーキングパウダーを合わせてふるい入れ、ボウルの底からすくい上げながら、粉けがなくなるまで大きく混ぜる。

3. 2に1を加え、泡立て器でボウルの底からすくい上げるようにして大きく混ぜる。ラップをかけて冷蔵庫で2時間ほど休ませる。

4. 絞り出し袋に3を入れ、型の8分目まで絞り出す。190℃のオーブンで15分焼き、すぐに型を取り出して、ひっくり返して型からはずし、網の上で粗熱をとる。

チャイカヌレ

生地を混ぜすぎないことがポイント。
混ぜすぎるとグルテンが出て、コシのある生地になってしまいます。

材料　直径6.5×高さ5.5cmのカヌレ型10個分

チャイミックス（p.20囲み参照）… 40g
水 … 160g
牛乳 … 500g
バター … 20g
準強力粉（「リスドォル」使用）… 130g
グラニュー糖 … 220g
卵黄 … 60g
溶き卵 … 20g
ラム酒 … 60g

準備

・卵黄と溶き卵は合わせて混ぜる。

・バター約10g（分量外）を室温に戻し、刷毛で型に塗る。

・オーブンは220℃に予熱する。

作り方

1. 小鍋にチャイミックスと分量の水を入れ、弱火にかける。沸騰したら牛乳を加え、沸騰直前まで加熱して火から下ろし、ふたをして60℃くらいに冷めるまでそのままおく。冷めたら茶こしでこす。

2. 別の小鍋にバターを入れて弱火にかけ、薄く色づいてきたら火から下ろす。鍋底を冷水でぬらしたふきんに当てて粗熱をとる。

3. ボウルに準強力粉とグラニュー糖を入れて泡立て器で混ぜ、**1**を流し入れてやさしく混ぜ、準備した卵液を加えてさらに混ぜる。

4. **3**に**2**とラム酒を加えて泡立て器で混ぜ合わせる。生地の上面にぴったりとラップを密着させて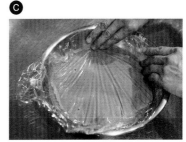、さらにボウルの上からラップをかけて冷蔵庫にひと晩（8時間以上）おく。
＊混ぜすぎるとグルテンが出るので注意。

5. 冷蔵庫から取り出し、室温に2時間ほどおく。

6. 型の8分目まで流し入れ、220℃のオーブンで20分、180℃に温度を下げてさらに60分焼く。すぐに型を取り出して、ひっくり返して型からはずし、網の上で粗熱をとる。

シュトーレン
⇨ Recipe_p.74

72

シュトーレン

ドライフルーツたっぷりの贅沢(ぜいたく)な味。
クリスマスの準備期間「アドベント」にいただくお菓子としておなじみです。

材料　1個約350gのシュトーレン2個分

〈ラム酒漬けドライフルーツ〉
レーズン … 50g
ドライいちじく … 20g
ドライアプリコット … 20g
ドライクランベリー … 20g
ラム酒 … 60g

〈中種〉
準強力粉(「リスドォル」使用) … 80g
インスタントドライイースト(耐糖性) … 2.5g
牛乳 … 80g

〈フィリング〉
アーモンドパウダー … 40g
きび砂糖 … 40g
牛乳 … 5g
ラム酒 … 10g

〈本ごね〉
卵黄 … 15g
きび砂糖 … 30g
塩 … 2.5g
バター … 80g
準強力粉(「リスドォル」使用) … 120g
ミックススパイス A (p.9参照) … 2g(1〜3g)
アーモンド … 40g

〈仕上げ〉
バター … 50g
A〔粉糖 … 100g
　きび砂糖 … 100g
粉糖 … 適量

準備

・〈ラム酒漬けドライフルーツ〉いちじくとアプリコットはそれぞれ7mm角に切る。ラム酒を除くすべての材料をジッパーつきのポリ袋に入れる。ラム酒を加え、空気を抜いて口を閉じる。ひと晩〜1カ月つける。

・本ごねのバターは1cm角に切り、室温に戻す。アーモンドは170℃に予熱したオーブンで15分ローストし、粗みじん切りにする。

・天板にシルパン(またはオーブンシート)を敷く。

・中種の牛乳は35℃に温める。

・仕上げのAはボウルに合わせて混ぜ、バットに広げる。

作り方

1. 〈中種〉ボウルに準強力粉とインスタントドライイーストを入れ、泡立て器で混ぜる。温めた牛乳を流し入れ、ゴムべらで粉けがなくなるまで混ぜる。ラップをかけて30℃(オーブンの発酵機能を利用)で60〜90分、生地が倍の大きさになるまで発酵させる。
   * オーブンに発酵機能がない場合は、室温で生地が倍の大きさに膨らむまで1〜2時間発酵させる。

2. 〈フィリング〉ボウルに材料をすべて入れ、ゴムべらで練るように混ぜる。最初はポロポロしているが、5分ほど練るとしっとりとした生地になる。これを2等分にし、それぞれ12cm長さの円柱形に成形してラップで包む。

3. 〈本ごね〉1に卵黄ときび砂糖を加え、ゴムべらで混ぜる。きれいに混ざったら塩とバターを加え、手で混ぜる。

4. 準強力粉とミックススパイス□Ａを加え、手で混ぜる。粉けがなくなったら台に取り出し、さらに5分ほどこねて丸くまとめる。ボウルをかぶせてそのまま15分休ませる。

5. ボウルをはずし、めん棒で直径25cmの円形に伸ばす。円の上半分にアーモンドとラム酒漬けドライフルーツをそれぞれ2/3量広げ、下半分の生地をかぶせる。

6. 5の右半分に残りのアーモンドとラム酒漬けドライフルーツをのせ、左半分の生地をかぶせる。カードで3cm角に切り、生地と具材がきれいに混ざるまで3分ほどこねる。2等分にしてそれぞれを丸くまとめ、ボウルをかぶせて15分休ませる。

7. ボウルをはずして生地をひっくり返し、横18×縦12cmの楕円状にのばす。生地の手前から1/3にラップをはずした2をのせ、奥側の生地を手前に折りたたむ。これをもう1個作る。

8. 天板に7をのせ、かたく絞ったぬれぶきんをかぶせて15分休ませる。
   * ここでオーブンを180℃に予熱する。

9. ふきんをはずして、180℃のオーブンで40分焼く。

10. 〈仕上げ〉小鍋にバターを入れ、ごく弱火にかける。バターが溶けてフツフツしてきたら、その状態で10分加熱する。
   * 最初は溶けたバターに白い部分があるが、加熱を続けるとなくなって澄ましバターになる。

11. 9を天板ごと網にのせ、10を刷毛で塗って全体にしみ込ませる。そのまま15分ほど休ませる。

12. Aを合わせたバットに11を入れて全体にまぶし、完全に冷めるまでそのまま6時間ほどおく。茶こしで粉糖をかけて出来上がり。
   * ラップでしっかりと包んで室温(夏場は冷蔵庫の野菜室)で90日ほど保存可能。1週間ほどたつと生地がしっとりしてきて、3週間ほどでベストな状態になる。

スパイスの入ったドリンクはパンチがあって
飲むだけで元気になれる気がします。
そのまま飲むもよし、料理に添えて飲むもよし、
いつもとちょっと違った味わいを楽しみましょう。

スパイスを使ったドリンク

Column #2

スパイスシロップソーダ

いろいろなスパイスの味が次から次に押し寄せます。
料理といっしょに飲むのもおすすめ。

材料　作りやすい分量

〈スパイスシロップ〉
グラニュー糖 … 75g
水 … 45g＋300g
きび砂糖 … 75g
バニラビーンズ … ¼本
A ┌ シナモン(スティック) … 1本
　├ クローブ(ホール) … 2.5g
　├ 八角(ホール) … 5個
　└ 黒こしょう(ホール) … 2g
レモン … 1個
オレンジジュース … 30g

炭酸水 … 適量

準備

・ バニラビーンズは縦に切り込みを入れ、包丁の背で
　種をこそげ取って器に入れる。分量のきび砂糖を加
　え、さやに残った種にきび砂糖をすり込んでなじま
　せ、指でこそげ取る (p.19ⓐ参照／さやは取り除く)。

・ レモンは皮の黄色い部分をすりおろし、果汁を搾る。

作り方

1. 〈スパイスシロップ〉鍋にグラニュー糖と分量の
　水45gを入れ、中火にかける。鍋の縁が色づい
　てきたら鍋をゆすって全体が濃い茶色になるま
　で加熱する。火から下ろし、鍋底をぬれぶきん
　に当てて冷ます。

2. 1に分量の水300gを加えて弱火にかけ、ゴム
　べらで混ぜてカラメルをきれいに溶かす。準備
　したきび砂糖とA、レモンの皮を加え、水分が
　半量になるまで煮詰める。準備したレモン果汁
　とオレンジジュースを加え、ひと煮立ちしたら
　火から下ろしてざるでこして冷ます。
　＊清潔な保存瓶に移し、冷蔵庫で1週間ほど保存可能。

3. 氷を入れたグラスにスパイスシロップ1に対し
　て、炭酸水2.5〜3の割合で注ぎ、レモン果汁
　少々(分量外)を加える。

山椒＆マンゴーのラッシー

ピリッとする山椒をマンゴーと合わせるとマイルドに。
子どもでも飲めるやさしいドリンクです。

材料　2人分

マンゴーの果肉 … 100g(正味)
＊冷凍でも缶詰でもよい。
プレーンヨーグルト … 120g
牛乳 … 30g
上白糖 … 10〜20g
山椒(パウダー) … ひとふり

作り方

すべての材料をミキサーなどに入れて攪拌する。
＊甘さ、山椒の量は好みで調整可能。

スパイス＆ハーブウォーター

爽やかなハーブとスパイスの香りが絶品！
好みで砂糖やはちみつを入れてどうぞ。

材料　1ℓ分

カルダモン(ホール) … 7g
ライム … ½個
コリアンダー(ホール) … 5g
スペアミント … 6g

作り方

〈アイスで〉
カルダモンは半分に割り、ライムは輪切りにする。ジャグなどにすべての材料と水1ℓを合わせ、冷蔵庫で3時間冷やす。飲むときにざるでこす。

〈ホットで〉
カルダモンは半分に割り、ライムは輪切りにする。鍋にすべての材料と熱湯1ℓを合わせ、3分ほど蒸らしてからざるでこしてポットなどに入れる。

アップルサイダー

りんごとスパイスの味の競演を存分に楽しめるドリンク。
ノンシュガー、ノンアルコール飲料として楽しめます。

材料　約700mℓ分

100%りんごジュース … 1ℓ
りんご … 1個
八角(ホール) … 1個
シナモン(スティック) … 5g
オールスパイス(ホール) … 2g
クローブ(ホール) … 10粒

作り方

りんごは皮つきのまま縦4つ割りにして芯を取り除き、1cm厚さのくし形切りにする。鍋にすべての材料を入れ、中火にかける。アクが出てきたら取り除き、弱火で30分煮込んでざるでこす。

＊清潔な保存容器に移し、冷蔵庫で2～3日保存可能。
＊こしたあとのりんごは、冷やしてコンポートにしたり、耐熱容器に入れてp.15の作り方6のクランブルをのせ、180℃のオーブンで20分焼いてデザートにしても。

タルトとアップルパイはアーモンドクリームにスパイスを入れ、生地やほかの材料と調和させました。パイは、折り込み用のバター生地にスパイスを入れて焼き上げます。パイ生地を作るのはちょっと大変ですが、出来上がったパイのサクサクとした食感は絶品です。

Tarts & Pies

バナナとココナッツのタルト

バナナとアーモンドクリームの相性が抜群！
生地をしっかり冷やし、時間をかけて焼くのがポイントです。

材料　10×25cmのタルト型（底抜け）1台分

バナナ … 180g（正味）

〈タルト生地〉

A {
バター … 85g
粉糖 … 15g
きび砂糖 … 15g
塩 … 1g
}
溶き卵 … 25g
薄力粉 … 120g
アーモンドプードル … 30g

〈アーモンドクリーム〉

バター … 50g
きび砂糖 … 50g
溶き卵 … 50g
アーモンドプードル … 50g
フェンネル（シード）… 3g（1〜4g）
ココナッツファイン … 30g
ラム酒（あればホワイトラム）… 10g

準備

・ タルト生地とアーモンドクリームのバターはそれぞれ室温に戻す。

・ オーブンは180℃に予熱する。

作り方

1. 〈タルト生地〉ボウルにAを入れて泡立て器で混ぜ、溶き卵を加えてさらに混ぜる。薄力粉とアーモンドプードルを合わせてふるい入れ、カードで全体を切るようにして混ぜる。

2. 台の上にラップを広げ、1をひとまとめにしてのせ、ラップで包んで3時間以上冷蔵庫で休ませる。
   ＊ラップでしっかりと包んだ状態で、冷蔵庫で2日、冷凍庫で2週間保存可能。使うときは冷蔵庫で解凍する。

3. 冷蔵庫から取り出して台にのせ、手でこねて、のばしやすいかたさにする。
   ＊冷蔵庫から出したての生地はかたくてもろいので、こねて扱いやすくするが、こねすぎるとやわらかくなりすぎるので注意！

4. めん棒で15×30cmの長方形にのばし、型に敷く。底面と側面に指でしっかりと生地を押しつけてくっつける。型の縁に沿ってめん棒を転がして余分な生地を切り落とし、ラップをかけて冷蔵庫で30分休ませる。

5. 〈アーモンドクリーム〉ボウルにバターときび砂糖を入れて泡立て器で混ぜ、溶き卵を加えてさらに混ぜる。アーモンドプードルを加えて混ぜ、残りの材料を加えてよく混ぜる。

6. 4を冷蔵庫から取り出し、5を均一に入れる。バナナを5mm厚さの輪切りにして上に並べ、180℃のオーブンで50〜60分焼く。型ごと網にのせ、粗熱がとれたら型からはずす。

スイートポテトのタルト

さつまいもの甘みとスパイスの風味が見事に調和。
大人にも子どもにも人気のタルトです。

材料 直径18cmのタルト型（底抜け）1台分

〈タルト生地〉

A {
バター … 85g
粉糖 … 15g
きび砂糖 … 15g
塩 … 1g
}

溶き卵 … 25g

薄力粉 … 120g

アーモンドプードル … 30g

〈スイートポテト〉

さつまいも（シルクスイート）… 350g

バター … 15g

牛乳 … 20〜50g（さつまいもの水分量で調整）

グラニュー糖
　… 5〜20g（さつまいもの甘さで調整）

〈アーモンドクリーム〉

バター … 50g

きび砂糖 … 50g

バニラビーンズ … ¼本

オールスパイス（パウダー）
　… 0.5g（ひとつまみ〜2g）

溶き卵 … 50g

アーモンドプードル … 50g

レーズン … 50g

ラム酒 … 15g

〈仕上げ用〉

溶き卵 … 15g

塩（「マルドン」使用）… 適量

準備

・ タルト生地とアーモンドクリームのバターはそれぞれ室温に戻す。

・ バニラビーンズは縦に切り込みを入れ、包丁の背で種をこそげ取って器に入れる。分量のきび砂糖を加え、さやに残った種にきび砂糖をすり込んでなじませ、指でこそげ取る（p.19ⓐ参照／さやは取り除く）。

・ 耐熱容器にレーズンとラム酒を入れて混ぜ合わせ、ラップをふんわりかける。500Wの電子レンジで1分加熱し、ラップをしたまま粗熱をとる。

・ オーブンは180℃に予熱する。

作り方

1. 〈タルト生地〉p.15の作り方1〜4と同様にして生地を作り、型に敷き込んで冷蔵庫で休ませる。

2. 〈スイートポテト〉さつまいもは皮つきのまま2cm角に切り、水に10分ほどつけて水けをきる。蒸気が立った蒸し器に入れ、10〜15分蒸す。ボウルに移し、バター、牛乳、グラニュー糖を加えてフォークで粗めにつぶしⓐ、ゴムべらで混ぜ合わせる。

   ＊ さつまいものほくほく具合や糖度によって、牛乳とグラニュー糖の量は調整する。しっとりとした仕上がりにするため、焼くとさつまいもの水分が蒸発することを考慮するとよい。

3. 〈アーモンドクリーム〉ボウルにバター、準備したきび砂糖、オールスパイスを入れて泡立て器で混ぜ、溶き卵を加えてさらに混ぜる。アーモンドプードルを加えて混ぜ、最後にラム酒と合わせたレーズンを汁ごと加えて混ぜる。

4. 1を冷蔵庫から取り出し、3をのせて広げる。180℃のオーブンで30分焼く。

5. オーブンから取り出して2をのせ、溶き卵を刷毛で表面に塗ってⓑ塩をふりⓒ、再び180℃のオーブンで20分焼く。型ごと網にのせ、粗熱がとれたら型からはずす。

ⓐ

ⓑ

ⓒ

スパイス香るアップルパイ

サクサクのパイ生地とスパイスのきいたアーモンドクリームが
りんごのおいしさを後押しします。

材料　直径18cmのタルト型 (底抜け) 1台分

〈りんごのソテー〉
りんご (紅玉) … 3個
バター … 20g
グラニュー糖 … 30g

〈アーモンドクリーム〉
バター … 50g
きび砂糖 … 50g
溶き卵 … 50g
アーモンドプードル … 50g
ラム酒 (またはウイスキー) … 10g
ミックススパイス A (p.9参照)
　… 5g (3～8g)

〈パイ生地〉
基本のパイ生地 (p.88) … 全量

準備

・ 基本のパイ生地はp.88の作り方1～
10と同様にして作る。
・ アーモンドクリームのバターは室温に戻す。
・ オーブンは180℃に予熱する。

作り方

1. 〈りんごのソテー〉りんごは皮つきのまま縦8等分のくし形切りにし、芯を取って1cm厚さのいちょう切りにする。フライパンにバターを入れて中火にかけ、バターが溶けたらりんごを加えて広げる。強火にしてりんごに焼き色がつくまで触らずに加熱する。

2. 焼き色がついたら全体を大きく混ぜて、再び焼き色がつくまで触らずに3分ほど焼く。グラニュー糖を加え、全体にからめてバットに広げ、粗熱をとる。

3. 〈アーモンドクリーム〉ボウルにバターときび砂糖を入れて泡立て器で混ぜ、溶き卵を加えて混ぜる。アーモンドプードルを加えて混ぜ、ラム酒とミックススパイスを加えて混ぜる。最後に2を加えて混ぜ合わせる。

4. 冷蔵庫から基本のパイ生地を取り出してラップをはずし、2：1に切り分け **a**、大きいほうはめん棒で直径28cmの円形にのばして型に敷く。底面と側面に指でしっかりと生地を押しつけてくっつけ、3を入れて広げる **b**。

5. 小さいほうのパイ生地はめん棒で直径20cmの円形にのばし、4にのせる。型の縁に沿ってめん棒を転がして余分な生地を切り落とす **c**。

6. 上面にナイフで切り込みを数カ所入れて **d**、180℃のオーブンで45～50分焼く。型ごと網にのせ、粗熱がとれたら型からはずす。

クミンの塩パイ

パリッ、サクッの食感が楽しい。
お酒のつまみにもぴったりのパイです。

準 備

- デトランプと折り込み用バター生地のバターはそれ
  ぞれ1cm角に切り、デトランプのバターは冷蔵庫
  で冷やし、折り込み用バター生地のバターは室温に
  戻す。
- Aは合わせて使う直前まで冷蔵庫で冷やす。
- 天板にシルパン（またはオーブンシート）を敷く。
- オーブンは200℃に予熱する。

作 り 方

1. 〈デトランプ〉p.88の作り方**1～2**と同様にし
   て作る。

2. 〈折り込み用バター生地〉ボウルに準強力粉とバ
   ター、クミンを入れ、ゴムべらでボウルに生地
   をこすりつけながら均一になるまで混ぜる。

3. p.88の作り方**4～10**と同様にしてパイ生地
   を作る。

4. 冷蔵庫から**3**を取り出してラップをはずし、打
   ち粉適量（強力粉／分量外）をふった台におき、め
   ん棒で3mm厚さにのばしてナイフで5mm×10
   cmの棒状に切る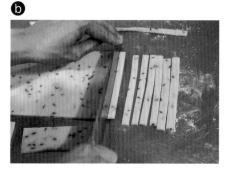。天板に並べて塩をふり、
   200℃のオーブンで15分焼き、天板ごと網に
   のせて冷ます。

材 料　作りやすい分量（出来上がり約360g）

〈デトランプ〉
準強力粉（「リスドォル」使用）
　… 120g
塩 … 3g
バター … 30g
　水 … 40g
A　白ワインビネガー
　　… 1g

〈折り込み用バター生地〉
準強力粉（「リスドォル」使用）
　… 50g
バター … 125g
クミン（シード）
　… 5g（3～8g）

〈仕上げ用〉
塩（「マルドン」使用）… 適量

チーズ＆ペッパーのパイ

チーズ味がしっかり感じられるサクサクパイ。
ピリッときいたこしょうが隠し味です。

材料　作りやすい分量（出来上がり約360g）

〈デトランプ〉
準強力粉（「リスドォル」使用）… 120g
塩 … 3g
バター … 30g
A⎡水 … 40g
　⎣白ワインビネガー … 1g

〈折り込み用チーズバター生地〉
準強力粉（「リスドォル」使用）… 35g
バター … 105g
粉チーズ（エダムチーズ）… 30g
黒こしょう（ホール）… 5g

準備

・デトランプと折り込み用チーズバター生地のバターはそれぞれ1cm角に切り、デトランプのバターは冷蔵庫で冷やし、折り込み用チーズバター生地のバターは室温に戻す。

・Aは合わせて使う直前まで冷蔵庫で冷やす。

・黒こしょうはペッパーミル（または乳鉢）で粗びきにする。

・天板にシルパン（またはオーブンシート）を敷く。

・オーブンは200℃に予熱する。

作り方

1. 〈デトランプ〉p.88の作り方1〜2と同様にして作る。

2. 〈折り込み用チーズバター生地〉ボウルに準強力粉とバター、粉チーズ、黒こしょうを入れ、ゴムべらでボウルに生地をこすりつけながら均一になるまで混ぜる。

3. p.88の作り方4〜10と同様にしてパイ生地を作る。

4. 冷蔵庫から3を取り出してラップをはずし、打ち粉適量（強力粉／分量外）をふった台におき、めん棒で3mm厚さにのばしてナイフで1×12cmの棒状に切る。らせん状にねじって天板に並べ❹、200℃のオーブンで15分焼き、天板ごと網にのせて冷ます。

❹

基本の
パイ生地

パイ生地のサクサク食感は「折り込む→冷蔵庫で休ませる」を数回繰り返すことで生まれます。少し手間はかかりますが、基本の作り方をマスターすれば段違いのおいしさに。

材料　作りやすい分量（出来上がり約360g）

〈デトランプ〉
準強力粉（「リスドォル」使用）… 120g
塩 … 3g
バター … 30g
A ｛水 … 40g
　 白ワインビネガー … 1g

〈折り込み用バター生地〉
準強力粉（「リスドォル」使用）… 50g
バター … 125g

準備

・ デトランプと折り込み用バター生地のバターはそれぞれ1cm角に切り、デトランプのバターは冷蔵庫で冷やし、折り込み用バター生地のバターは室温に戻す。

・ Aは合わせて使う直前まで冷蔵庫で冷やす。

作り方

1. 〈デトランプ〉ボウルに準強力粉と塩を入れ、バターを加えて指でつぶしながら粉類とすり合わせる。手のひらで全体をこすり合わせ、サラサラした状態にする。
＊ 夏場はフードプロセッサーを使うほうがバターが溶けにくく、サクサクと香り高く仕上がる。

2. Aを加え、カードで切るようにして全体を混ぜる。ある程度混ざったら手でこねて、ひとまとまりにする（多少ざらつきがあってもOK）。包丁で十字に切り込みを入れ❶、ラップで包んで冷蔵庫で1時間休ませる。

3. 〈折り込み用バター生地〉ボウルに準強力粉とバターを入れ、ゴムべらでボウルに生地をこすりつけながら❶均一になるまで混ぜる。

4. 12cm角に切った紙を台にテープで止め（生地をのばすときのガイドにする）、その上にラップを敷いて3をのせ、上面にもラップをかける。上下のラップを重ねて12cm角の正方形に折りたたみ❶、カードで四辺を整えながら❶生地の厚さが均一になるようにめん棒でのばす❶。冷蔵庫で1時間休ませる。

5. 冷蔵庫から2を取り出してラップをはずし、台にのせて、切り込みを入れたところから外側にめくるようにして生地を広げ❶、めん棒を押し当てて生地を広げる❶。ある程度広がったらめん棒を転がして、16cm角の正方形にのばす。

6. 冷蔵庫から4を取り出してラップをはずし、5の上に対角線に（45度ずらして）のせ❶、生地の間に空気が入らないように包んで❶、生地のつなぎ目を指でつまみ合わせる。

7. 台に打ち粉適量（強力粉／分量外）をふって6をおき、上にめん棒を押し当てて長方形に生地を広げ、長さが15cmほどになったら、生地を90度回転させてめん棒を上下に転がして15×25cmにのばす❶。

8. 生地を3つ折りにして❶縦長におき、めん棒を上下に転がして15×25cmにのばす。再び3つ折りにしてラップで包み、冷蔵庫で1時間休ませる。

9. 冷蔵庫から取り出してラップをはずし、打ち粉適量（強力粉／分量外）をふった台に縦長におき、めん棒を上下に転がして15×25cmにのばす。再び3つ折りにして縦長におき、めん棒を上下に転がして15×25cmにのばす。再び3つ折りにしてラップで包み、冷蔵庫で1時間休ませる。

10. 9の工程をもう1回繰り返して出来上がり。使うときにラップをはずす❶。
＊ 保存する場合は、ラップでしっかりと包んで冷蔵庫で2日、冷凍庫で2週間保存可能。使うときは冷蔵庫で解凍する。

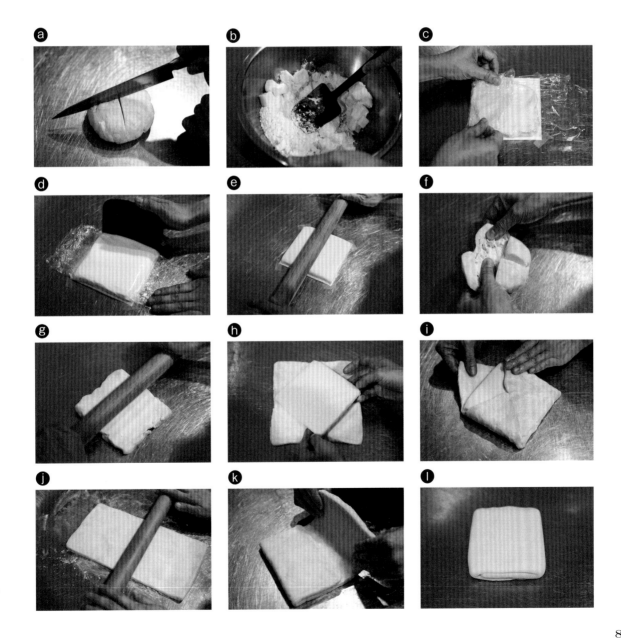

見た目はみんなが知っているいつものおやつですが、ひと口食べると驚き！
スパイスが口の中に広がってもう別物です。
サプライズおやつとしてお楽しみください。

目からうろこのスパイスおやつ

Column #3

アニスとオレンジの ドーナツ

スパイス入りでパンチのあるドーナツ。
アニス塩キャラメルスプレッドをつけると、
いっそうスパイス感が増します。

材料　直径約9cmのドーナツ6個分

強力粉 … 250g
きび砂糖 … 30g
インスタントドライイースト … 3g
水 … 10g
牛乳 … 140g
卵黄 … 50g
A ┌ 塩 … 4g
　├ バター … 30g
　├ オレンジピール … 60g
　└ アニス(シード) … 4g
揚げ油 … 適量
打ち粉(強力粉) … 適量
アニス塩キャラメル
　スプレッド(p.42参照) … 適量

準備

・Aのバターは室温に戻し、オレンジ
　ピールはみじん切りにする。

・牛乳は30℃に温める。

作り方

1. ボウルに強力粉ときび砂糖を入れて、泡立て器で混ぜる。

2. 別のボウルに分量の水を入れ、インスタントドライイーストを加えてゴムべらで均一になるまで混ぜる。牛乳を少しずつ加えながら泡立て器で混ぜ、卵黄を加えて混ぜ合わせる。

3. 1に2を流し入れ、手で粉けがなくなるまで混ぜる。台に取り出して10分ほど手でこねてきれいに丸め、ボウルに戻す。ラップをかけて15分休ませる。
＊こね始めはベタつくが、こねているうちにまとまってくる。

4. 台の上に取り出し、Aを加えて10分ほどこねる。
＊最初はバラバラだが、こね続けるとツヤが出てきれいな生地になる。

5. 再び丸めてボウルに戻し、ラップをかけて25〜30℃(オーブンの発酵機能を利用)で、倍の大きさになるまで発酵させる。
＊オーブンに発酵機能がない場合は、室温で生地が倍の大きさに膨らむまで1〜2時間発酵させる。

6. 台の上に取り出し、やさしくめん棒を押し当てて3cm厚さに広げる。バットに移してラップをかけ、冷蔵庫で1時間休ませる。
＊冷蔵庫で休ませることで生地が扱いやすくなる。最大12時間までこの状態で保管できる。

7. 台に打ち粉をして6をのせ、めん棒で2cm厚さにのばす。外径6.7cmのドーナツ型で抜いて、間隔をあけてバットに並べる。残った生地はひと口大に切り分け、同じように並べる。かたく絞ったふきんをかぶせて25℃で40分ほど、生地が1.5倍の大きさになるまで発酵させる。

8. 揚げ油を190℃に熱し、7を3〜4個入れて90秒ほど揚げ、ひっくり返して1分ほど揚げて網にのせ、粗熱をとる。これを繰り返す。ひと口大の生地も同様に揚げる。アニス塩キャラメルスプレッドをつけていただく。

どら焼き2種

ピリッとして甘い香りが漂う生地。
2種類のあんでひと味違うどら焼きの味を堪能しましょう。

材料　直径8cmのどら焼き8個分

〈アプリコットあん〉
ドライアプリコット … 70g
シナモン(スティック) … 5g
クローブ(ホール) … 3粒
グラニュー糖 … 20g
水 … 100g
ラム酒 … 5g
粒あん(市販品) … 140g

〈生地〉
溶き卵 … 120g
きび砂糖 … 80g
上白糖 … 70g
みりん … 15g
はちみつ … 20g
牛乳 … 80g
薄力粉 … 200g
重曹 … 2g
ナツメグ(パウダー)
　… 0.5g(ひとつまみ〜1g)
黒こしょう(ホール) … 2g(1〜4g)
米油 … 適量

〈塩バターあん〉
粒あん(市販品) … 200g
バター … 80g
塩(「マルドン」使用) … 少々

準備

・ 塩バターあんの材料はそれぞれ4等分する。

作り方

1. 〈アプリコットあん〉ドライアプリコットは1cm角に切り、小鍋に入れてシナモン、クローブ、グラニュー糖、分量の水を加えて中火にかける。沸騰したら落としぶたをして弱火にし、15分煮る。ラム酒を加えて火から下ろし、そのまま冷ます。冷めたらざるでこし、粒あんを混ぜ合わせて4等分にする。

2. 〈生地〉ボウルに溶き卵、きび砂糖、上白糖を入れ、泡立て器でもったりとするまで混ぜる。みりんとはちみつを加えて混ぜ、牛乳を加えて混ぜる。薄力粉と重曹を合わせてふるい入れ、泡立て器でボウルの底から大きく混ぜ合わせる。半量を別のボウルに取り分ける。

3. ボウルの1つにはナツメグを、もう1つには黒こしょうをペッパーミル(または乳鉢)で粗びきにして加え、それぞれ混ぜてラップをかけ、30分休ませる。

4. フライパンにペーパータオルで米油を
　なじませ、弱火にかける。温まったら、
　ナツメグ入りの生地をおたまですく
　い、直径8cmの円形に流し入れる。表
　面にプツプツと気泡が出てきたらひっ
　くり返し、裏面も焼く。同様にあと7
　枚(1枚が約30g)焼く。続いて黒こしょ
　う入りの生地も同様に8枚焼く。

5. 4をまな板にのせ、かたく絞ったぬれ
　ぶきんをかぶせて粗熱をとる。

6. ナツメグ入りの生地には1の〈アプリ
　コットあん〉を、黒こしょう入りの生地
　には準備した〈塩バターあん〉をサンド
　し、それぞれ4個ずつ作る。

花椒おかき
（ホアジャオ）

揚げ油にスパイスの香りを移して揚げたおかき。
ピリッと香ばしく、風味豊かで手が止まりません。

材料　作りやすい分量

切り餅 … 4個(180g)
米油 … 1ℓ
八角(ホール) … 3個
シナモン(スティック) … 10g
フェンネル(シード) … 1g(0.5〜3g)
塩 … 4g
花椒(パウダー) … 適量

作り方

1. 切り餅は1cm角に切り、ざるにのせて表面がひ
　び割れてくるまで2〜3日乾燥させる。すぐに
　作りたい場合は、120℃のオーブンで20〜30
　分焼く。

2. 揚げ鍋に米油と八角、シナモン、フェンネルを
　入れ、170℃になるまで中火で加熱する。1を
　入れ、きつね色になるまで揚げて網にのせ、油
　をきる。

3. 2をボウルに移し、塩と花椒をふって全体にま
　ぶす。
　＊ 清潔な密閉容器に入れ、乾燥剤を入れて室温で3〜4
　　日保存可能。

基本の材料

お菓子作りに使う材料は、食感やおいしさを生み出す大切な要素です。
用途に合わせて適切な材料を選びましょう。

a 卵
サイズがいろいろあるので本書ではg表記に。一般に目安として M サイズは全卵50g（卵黄20g＋卵白30g）、L サイズは全卵60g（卵黄20g＋卵白40g）。特に記載がない場合を除き、室温に戻して使用する。

b きび砂糖／**c** はちみつ／**d** 粉糖
本書ではきび砂糖をメインに使用。ミネラルを多く含みコクを感じられる。ホロッとした食感を出したいときは粉糖を一部加えている。

e 牛乳／**f** 生クリーム／**g** プレーンヨーグルト
牛乳は成分無調整、生クリームは乳脂肪分35〜36％、プレーンヨーグルトは生乳100％のものを使用。

h 薄力粉／**i** アーモンドプードル／**j** 準強力粉／**k** 強力粉
なるべく新鮮なものを使う。粉類の賞味期限は意外と短いので早めに使いきり、保存するときはほかの食材の匂いがつきやすいので、しっかりと封をして香りの強い食材からは離すこと。特にアーモンドプードルは酸化しやすいので、使う分量だけ買うのがおすすめ。

l ベーキングパウダー／**m** 重曹
ベーキングパウダーは生地を縦に膨らませる働き、重曹は横に膨らませる働きがある。どちらもダマになりやすいので、粉類と合わせてふるってから使用する。

n バター／**o** 太白ごま油／**p** 米油
できるだけ新鮮なものを用意する。私は開封してから1カ月以内に使いきれるサイズのものを購入。バターは表面が空気に触れないようにきっちりとラップで包み、密閉容器やジッパー付きの保存袋に入れて冷蔵保存を。

q 「ゲランド」の塩／**r** 「マルドン」の塩（フレーク）
ゲランドの塩は一番粒の細かい微粒タイプを使用。食材になじみやすく使い勝手もいい。マルドンの塩はサクサクとしたフレーク状の海塩。仕上げのトッピング用に。

基本の道具

お菓子作りでは、必要な道具があると作業がとてもスムーズです。
使い慣れたもので大丈夫ですが、ないときはそろえておきましょう。

a 包丁／**b** ペティナイフ
お菓子作りにはペティナイフで十分。包丁はかぼちゃなどの大きめの食材を切るときに使用。

c ボウル（15cm、21cm、27cm）／**d** ざる
ボウルは大中小の3サイズあれば作りやすい。湯せんや氷水で冷やすなどの作業があるので、熱伝導率の高いステンレス製のものがベター。ざるは取っ手がついていて目がやや細かいものを粉ふるいに使用。直径15cmくらいが使い勝手がよい。

e 泡立て器／**f** ハンドミキサー
泡立て器は長さ25〜28cmのものが使いやすい。小さな泡立て器も少量の材料を混ぜるのに便利。ハンドミキサーはメレンゲやスポンジ系の生地を作るときに使う。高速、中速、低速の切り替えがあるものを。

g カード／**h** ゴムべら
カードはボウルについた粉を取る、バターを切り刻む、生地を切るなどの作業で使う。ゴムべらは耐熱性のある（200℃以上）シリコン製が便利。

i オーブンシート／**j** シルパン／**k** 網
オーブンシートは天板やケーキ型に生地がこびりつくのを防ぐ。シルパンはクッキーやパイなど、バターを使った生地を焼くとき、油分が適度に落ちて生地がさっくりと焼き上がる。洗って繰り返し使えるので、あると便利。網は焼き上がったお菓子を冷ましたり、シロップなどを塗るときに使用。

l めん棒／**m** ルーラー
めん棒は太さ3cmくらいで長さが40cm以上あると使いやすい。ルーラーは本書では3mmのものを使用。

n はかり／**o** ラップ
はかりはスパイスを計量するのに、0.1gの微量も量れるデジタル式がベスト。ラップは使い慣れたものでOK。幅が30cm以上あるものが使いやすくおすすめ。

村山由紀子
Yukiko Murayama

料理家。1977年東京生まれ。武蔵野美術大学卒業。2003年、パンの移動販売「吉ぱん」を東京・吉祥寺で始め、行列ができるパン屋として評判になる。2006年には、大学時代の友人とカフェ「Yucca.」をオープン。多数の雑誌で紹介されリピーターも多かったが、2012年惜しまれながら閉店。その後、吉祥寺の人気カレー店「ピワン」の店主石田徹氏と結婚し、店のサポートをしながら雑誌やケータリングなどで幅広く活躍する。日々研鑽を重ねるスパイスのお菓子は、伊勢丹新宿店や玉川髙島屋S・Cなど百貨店でのイベント販売では即日完売するほどの大人気商品。著書に『ベジヌードル』(主婦と生活社)などがある。

Instagram @yukiyucca
https://www.murayamayukiko.com/

撮影協力

・富澤商店

https://tomiz.com/
TEL.0570-001919

・Event Space & Café キチム
東京都武蔵野市吉祥寺本町2-14-7 吉祥ビル地下
https://kichimu.la

・piwang ピワン
Instagram @piwaang
https://piwang.jp

・UTUWA

・AWABEES

アートディレクション・デザイン
小橋太郎 (Yep)

撮影
邑口京一郎

スタイリング
岩﨑牧子

校正・DTP
かんがり舎

プリンティングディレクション
栗原哲朗 (図書印刷)

編集
小橋美津子 (Yep)
若名佳世 (山と溪谷社)

スパイスを楽しむケーキとお菓子

2023年11月30日　初版第1刷発行

著　者　村山由紀子

発行人　川崎深雪
発行所　株式会社　山と溪谷社
　　　　〒101-0051 東京都千代田区神田神保町1丁目105番地
　　　　https://www.yamakei.co.jp/
印刷・製本　図書印刷株式会社

● 乱丁・落丁、及び内容に関するお問合せ先
　山と溪谷社自動応答サービス　TEL.03-6744-1900
　受付時間／11:00-16:00(土日、祝日を除く)
　メールもご利用ください。
　【乱丁・落丁】service@yamakei.co.jp
　【内容】info@yamakei.co.jp
● 書店・取次様からのご注文先
　山と溪谷社受注センター　TEL. 048-458-3455　FAX. 048-421-0513
● 書店・取次様からのご注文以外のお問合せ先
　eigyo@yamakei.co.jp

定価はカバーに表示してあります
落丁・乱丁本は送料小社負担でお取り替えいたします
禁無断複写・転載